JN043988

カタチの由来、データの未来

三次元計測の人類史学

中尾 央●編著

勁草書房

はじめに

中尾　央

『Ｍａｓｔｅｒキートン』という考古学者兼保険の調査員の漫画がある。ある場面で、彼が大学院を修了し、軍隊に入り、その後保険の調査員をしているという自身の経歴について、「ひどいもんだろ、どれをとってもモノにならなかったんだから」と評したことがあった。ときどき思い出してはこの箇所だけを眺めてみたりする。

過去を考えるのは気楽なのかもしれない。日々流れてくる、生々しくてつらい戦争の話に比べれば、たしかに現実感はない。その点、落ち着いていられるような気もするが、過去について考えるのも、キートンの同僚が考えているほどには気楽ではなさそうだ。考古学の発掘は大変だし、遺物が大量に出てくれば、整理作業と報告という頭の痛い労働が待っている。しかも大半は破片で、その破片が何を意味するのかもわかるようでわからない。完形の遺物が出てきたからといって、その土器だけ眺めていても過去が浮かび上がってくるわけではない。

本書は、文部科学省の科学研究費助成事業新学術領域「出ユーラシアの統合的人類史学：文明創出メカニズムの解明」における計画研究C01班「三次元データベースと数理解析・モデル構築による分野統合的研究の促進」でおこなわれた研究を紹介する。われわれは、主に以下の三点に注力した。①三次元データの取得とそれを用いた研究、②文化の時空間動態（パターン）から文化進化プロセスを説明すること、最後に、③上記二つのテーマに対し「学際」的に取り組むこと、である。

三次元データについて、特に考古学ではいろいろなかたちで注目を集めている。遺物の整理作業や報告書の作成過程で三次元計測が簡便に使われ、そのデータがうまく活用できれば発掘主体の業務負担が多少なりとも減らせる。また遺物を三次元データとして表現できれば、関係者が遺物を二次元の図面（実測図）にするより、客観的な表現が可能になるかもしれない。埋め戻さなければならない遺構も、三次元モデルで残しておけば後々の検証にも使えるだろう。

このように、三次元計測・データにはさまざまな利点や可能性がある。しかし本書ではこうした遺物の記録・保存・観察とは少し異なる角度から、三次元計測・データに向き合っている

（従来の目的については中園（2017）などを参照してほしい）。

まずは、実際に用いる三次元計測の手法の検討である。三次元計測の手法には、なんらかの三次元スキャナー（３Ｄスキャナー）を用いるか、二次元写真から三次元モデルを構築するか（Structure from Motion/Multi-View Stereo, SfM/MVSとよばれる手法）の二通りがある。スキャナーは価格によって性能が大きく異なるため予算次第のところが大きい。対して、比較的低価格で導入でき、工夫次第で一定の質を備えた三次元データが入手できるSfM/MVSの方が、汎用性という点では優れているだろう。

第一章では、このSfM/MVSの手法を用いて、一定の質を備えたデータをどうすれば効率よく取得できるのか、詳しく述べた。これは、続く第二章で取り上げるとおり、「特定の研究手法が一部の研究者に独占されるという状況は望ましいものではない」という考えに基づいている。できるだけコストがかからず誰にでもアクセスできるような方法で、多様な人間が研究にかかわれる状況の方が、研究コミュニティ全体にとっては望ましい。この点は第二章を参照してほしい。

その第二章では、データベースの話題が紹介される。データベースそのものだけでなく、その背後にあるオープンサイエンスの流れや、今後三次元データのような大容量のデータをどのように公開し、その公開を継続していくのかという点についても重点をおいて述べている。

オープンサイエンスが推進される理由はさまざまである。たとえば、大学・研究機関でおこなわれる研究の大部分が税金に支えられていること、そしてこうした研究の予算が逼迫し続けていることなどが挙げられる。税金で支えられた研究は広く公開され、還元されるべきである。にもかかわらず、現状では高額な購読料を支払わなければ研究成果を記載した論文へのアクセスができない。近年、この購読料が高騰し、各種研究機関ですら購読の継続が困難になった。研究成果がオープン、つまりは無料で誰でもアクセスできるようになれば、このような問題もいろいろと解決できる。

しかし、オープンにされるべきなのは成果だけではない。データ、解析手法などについても、近年はいくつかの観点から公開が要求されている。第二章では、考古・人類学の三次元データを公開していく際に、どういった問題が考えられるのかについて、議論をおこなっている。

次に注目するのは、三次元データを用いた研究である。三次元計測によって三次元データを得るのは労力を要する。それゆえ三次元データの取得だけでも一定の成果と感じることも少なくない。だが三次元データを取得するだけでいいのだろうか。

本書では、比較的大規模な三次元データを用いて、どのような研究が可能になるのかを紹介していく。第三章では、三次元データの研究手法として、幾何学的形態測定学（Geometric Morphometrics）および球面調和関数（Spherical Harmonics）による解析を解説する。第一章で触れる三次元データは近年さまざまな方法で解析が進められているが、こうした手法の一部を紹介するだけでなく、「何のための三次元データなのか」という点も論じる。研究の目的（とたしかめたい仮説）がある程度でも定まってからでなければ、必要かつ十分なデータを集めることはできないはずである。

第四章では、第三章で説明した幾何学的形態測定学によって、三次元データから巨視的な文化・集団動態を検討した研究を紹介する。特に、日本の弥生時代に注目し、弥生時代古人骨の頭蓋について各地のデータを比較する。また弥生時代前期の土器（遠賀川式土器）についても、各地の三次元データを比較検討し、その形状の類似度から遺物の拡散経路を検討していく。

最後に、第五章ではパターンとプロセスというテーマを取り上げる。パターンとプロセスは、進化生物学の用語である（中尾・三中 2012）。生物学であれば、生物の遺伝情報や形質などで現れる、一定の類似性や相違点を指す。たとえば形質Aと形質Bに異なる地理的分布があるならそれは異なる地理的パターンであり、二つの異なる種に同じ遺伝子配列Cがあれば種を超えた遺伝的パターンとよべる。他方でプロセスとは、そのパターンが形成される要因を指す。どうして形質AとBは地域が異なるのか。形質A・Bや遺伝子配列Cは、生活する環境に適応して、二つの種がそれぞれ独自に進化させたものなのか、それとも共有する祖先の頃からみられるものなのか。

第四章までの内容は、主に文化動態（あるいは文化進化）のパターンに主眼をおいている。このパターンの背後にあるプロセスを考えるには、どうしたらいいだろうか。通常ならばそこで解釈をおこなう。ただしこの解釈をより妥当にするには、どうすればいいだろうか。言い換えるなら、どのように仮説を立て、その仮説を検証すればいいのか。残念ながら、三次元データから見えてくるさまざまなパターンについて、プロセスの研究はまだ十分にはできていない。したがって、本書では三次元データ以外のさまざまな考古データについて、パターンとプロセスをつなぐ研究を紹介しておきたい。

本書の研究は科学研究費で支援された研究領域の成果を一部、取りまとめたものである。全体で七班からなる研究領域であるが、われわれの班は理系と文系の研究者が半分ずつと、本来は哲学を専門とする本書編者の中尾がその取りまとめ役にいるという構成だった。この科研費自体が分野を超えて新しい領域を作りだそうという研究費であり、そうであればそれぞれの分野だけではできなさそうなことを共同で取り組むという理解で進めた結果が、本書の内容である。

昨今どころか大昔から、学際研究だの異分野融合だの、あるいは分野を超えた交流だという話が賑やかである。そのためのいろいろなプロジェクトやイベントが企画され、情報が流れてはくる。正直にいえば、どうしてそんなことをわざわざやらなければならないのか、私にはよくわからない。問いに応じて方法やアプローチは変わるし、その都度いろいろな分野の知識や手法が必要になる。学際や異分野融合が必然でないのだとすれば、その研究者の問い自体がこうしたアプローチを必要としていないだけだろう。もちろん、その是非はまた別問題である。

人類史の考察は単独分野だけでできるものではなく、われわれが学際的なアプローチを採用するのは必然であった。関連する分野を総動員して、総合的に問わない限り判然としない状態が続きかねない。「ふんわり」とした、表面的かつ断片的な知識のつなぎ合わせでも、同じ状態に陥るだろう。「総合的かつ詳細に」というのはなかなか荷の重い課題ではある。

結局は冒頭の話に戻る。さまざまな分野の手法・知識を用いた「学際」的研究はどっちつかずの成果だと批判されやすい。もちろんそうならないよう、関連するすべての分野の人たちが納得するような質を担保することが重要であることはいうまでもない。

本書、あるいはわれわれの取り組みがどこまで成功しているのかは、本書を読まれた方の判断にお任せしたい。まだ途上であることはたしかだ。ただ、人類史を解明するためにはこうしたアプローチが必須であるという点については、執筆者一同、迷うところはない。

カタチの由来、データの未来

三次元計測の人類史学

目次

第一章　三次元データを計測する

金田明大・中川朋美・吉田真優・中尾 央

笑顔の編者

美術館へ行って絵画を眺めていると、多様な色使いだけでなく、絵画に表現された世界の奥行きにも心が奪われる。絵画表現という二次元世界に落とし込まれているのは、立体的な三次元を超えた、多次元の情報にも見える。

一九世紀にエルンスト・ヘッケルが目指した規範は、現代の研究で広く共有されているわけではない（Dastcn & Galison 2007; 瀬戸口他訳 2021）。彼は二次元のイラストのなかに、対象の「本質」を描きだし、事実を超えた真理を表現しようとした。事実としての客観性を擁護しつつ、発生学者のヴィルヘルム・ヒスがヘッケルのイラストに対しておこなった批判は、多次元情報を二次元画像に圧縮する際には避けて通れない論点かもしれない。

実際、絵画であれヘッケルであれ、三次元、もしくはより多次元の情報を、さまざまな工夫を重ねて二次元の世界に表現しようとしてきたという点では、二〇世紀の研究でも同じである。その工夫の仕方が異なっていたのはもちろんだが、考古学における実測図、人類学における計測値などがまさにその典型だろう（小畑 2013; 馬場 1981）。

近年の考古学や人類学では、この工夫が別の方向に向かいつつある。三次元計測が注目を浴びるようになり、計測機器・ソフトウェアも価格などの点でより身近になってきた。実測や計測などにかかる手間・コストと比較して、三次元計測がより効率的で安価になるのだとすれば、そして計測されたデータが従来と同等かそれ以上の質を備えており、従来の表現が抱えていた問題点を克服できるのだとすれば、新しい方法論を確立することも可能となるだろう。

本章では、考古遺物と古人骨について、どのように三次元データの取得を効率化できるか、そして得られたデータがどれほど正確・精確なものでありうるのか、これまでの取り組みを紹介したい。そのうえで、従来の手法と比較して、三次元データがどれほど有効なのか、現状と今後を検討する。

1・1　三次元計測機器と手法：非接触3Dスキャナーによる計測

三次元データを得ようとすれば、そのための機器が必要である。現在はさまざまなタイプが出回っているが、ここでは大きく分けて二種類を紹介する。①非接触3Dスキャナーと、②二次元写真からソフトウェアを用いて三次元データを構築するSfM/MVS（Structure from Motion/Multi-View Stereo）である。

3Dスキャナーも多様な機種が販売されるようになっており、値段も性能もピンキリと言っていいかもしれない。一〇万円前後もあれば、桁が二つ変わってしまう機種もある。どれを選ぶかは目的と予算次第、というのが正直なところだろう。

たとえば、細かな土器の表面や鋭利な石器の刃先を計測したいなら、計測密度と精度が低い安価なスキャナーだと無理がある。また、SfM/MVSと異なり、色情報が得られない機器もあれば、レーザーの性質上、黒曜石やガラスなど、光を反射する対象は計測できないスキャナーもある。各スキャナーの性能や特徴を把握し、適切に選んでいくしかないのが現状である。

３Ｄスキャナー全般にいえる利点としては、計測時に計測データをリアルタイムで確認できる点である。SfM/MVSでは写真から三次元モデルの再構築をおこなってみなければ、最終的にどのようなモデルが得られるかの確認ができない。現地での確認ができずに写真を撮って持ち帰ったはいいものの、帰って再構築を試みると、写真が不足していて得られたモデルに穴が開くというミスも少なくない。３Ｄスキャナーを用いた場合、計測時に画面を確認さえしていればこの手のミスは避けられる。

問題点としては、先述したように機器によって詳細がかなり異なるため、得られたデータの質を比較検討しておかなくてはならない。われわれが使用した複数のスキャナーについては、SfM/MVSなども含め、計測対象を変えつつ計測データの比較検討を繰り返している（Kaneda et al. 2022; Nakao, Nakagawa, & Yoshida 2022）。現状、われわれのデータには顕著な差が見られないとはいえ、すべてのスキャナーについて同じことが言えるかどうかは、検証を重ねてみないと明らかではない。

現状でさらに重要な問題を挙げるとすれば、やはり価格だろう。一〇万円前後で入手できる機種でも大まかな形状であれば十分に捉えることができるものの、まだ表面の細かな凹凸などを十分に捉えることは難しいものが多い。一〇〇万円ほど出せばそれなりのスキャナーは入手できるが、研究費などがなければ簡単には入手ができない。ましてや行政機関等では、よほど三次元計測に力を入れていない限り、要望が通る金額ではないだろう。

とはいえ参考のため、現時点でわれわれが使用した3Dスキャナーでどの程度の三次元データ・モデルが得られるのか、簡単に説明しておこう（詳細はKaneda et al. 2022; Nakao, Nakagawa, & Yoshida 2022; 中川他 2022; 野下他 2022a; 2022bなどを参照してほしい）。われわれが使用したスキャナーは三種類あり、Creafrom HandySCAN BLACK, Creafrom HandySCAN BLACK™|Elite, Einscan Pro HDである。Creaform製品の価格がそれぞれ（スキャナーを作動させるパソコンを含めて）七〇〇万円、八〇〇万円であり、工業製品のリバースエンジニアリングなどにも使用されるタイプという。Einscan製品は回転台などの付属品を含めて一四〇万円程度であった。

Creaformのスキャナーは主に土器の計測に用いたが、レーザーをターゲットシールに当ててその反射を計算して対象を計測しており、図1・1のようにターゲットシールを貼り付けたアクリル板の上に対象を載せれば計測が可能である。スキャナーのシャッタースピードにもよるが、設定によっては白い対象は計測できなくなる（設定を変えれば白も計測可能）ため、土器

図1・1　左はターゲットシールを貼り付けたアクリル板の上に土器を載せている様子。載せている土器は京都府長岡京市雲宮遺跡出土土器（京都府埋蔵文化財センター所蔵）。右はCreaformのレーザースキャナーで計測している様子。土器は山口県下関市綾羅木郷遺跡出土のもの（下関市立考古博物館所蔵）。左は野下他（2022a）、右はKaneda et al.（2022）より転載。

など本来の対象以外を計測させないように背景として白いアクリル板を用いていた。特にEliteの場合、土器一つあたり一五〜二〇分程度で計測が終わるため、一日で大量の遺物が計測できる。われわれは主に弥生時代前期の遠賀川式土器を計測していたが（第四章も参照）、内部までレーザーを届かせて土器表面全体を計測する場合でも（データ処理時間を含めて）二〇〜二五分程度で土器の計測ができていた。人骨でも時折このスキャナーを用いたが、上下プラス別の角度からもう一回スキャンし、それぞれのデータを合成すれば全体の三次元データが得られ、時間も一頭蓋あたり一五分程度で終了していた。図1・2に示したように、かなり細かな特徴を捉えたモデルも得ることができる。

Einscanはスキャナーを固定し、遺物を回転台

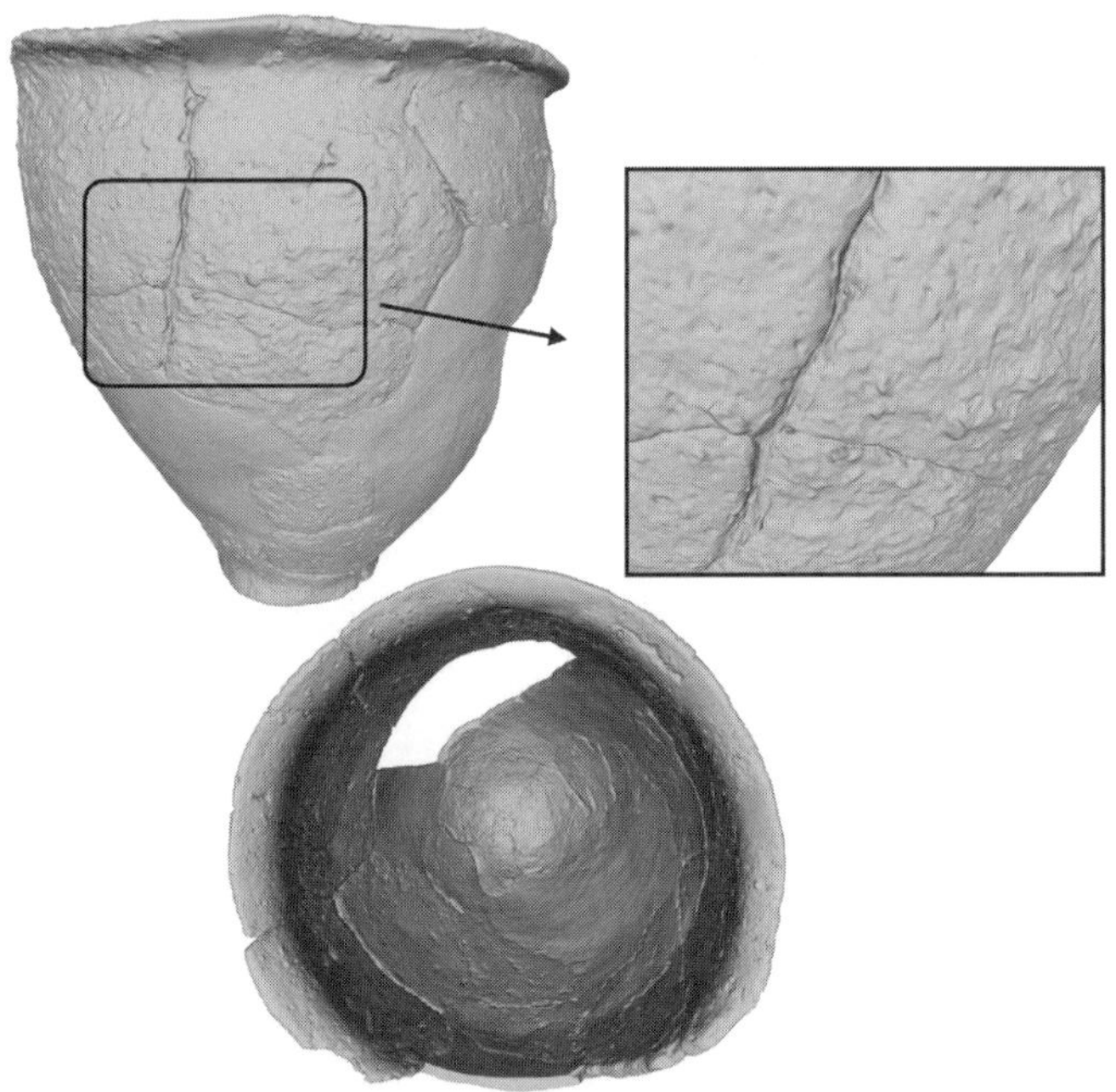

図1・2　Creafromのレーザースキャナーで計測した三次元モデル。香川県坂出市下川津遺跡出土の土器（香川県埋蔵文化財センター所蔵）。四角で囲った箇所を拡大したのが右。内部のスクリーンショットが下。表面の凹凸が詳細に計測できているのがわかるだろう。

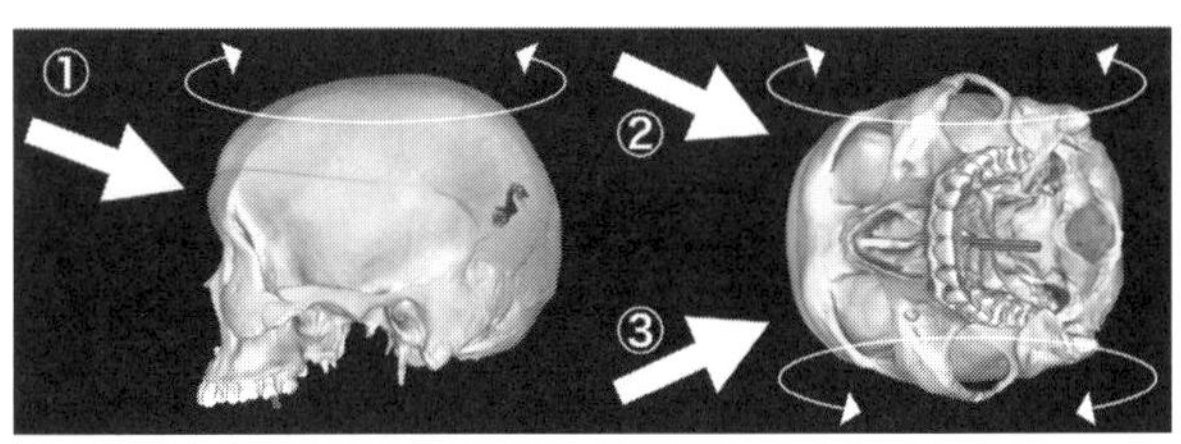

図1・3　Einscan Pro HD による計測風景。計測しているのは京都科学の人骨模型（SH-7）。下は人骨計測時の角度。また、使用している画像は三次元モデルのスクリーンショットであり、そのモデルは Einscan Pro HD 自身で計測・作成したものである。Nakao, Nakagawa, & Yoshida（2022）より転載。

に載せて計測することができる（もちろん手に持って計測することもできる）。Creaform の場合のように計測者が動く必要がないため、回転台に載せられるサイズの遺物限定ではあるが、計測者の腰膝には負担の少ない計測が可能である（図1・3）。またカラーモジュールを用いれば、色情報もある程度取得することができる。

こちらは特に人骨の三次元データ収集でよく使用していたが、一頭蓋あたり二〇分程度で計測自体は可能であり、三次元データの後処理も一〇分程度で終了していた（ただし、この後処理速度は使用するパソコンのスペックにも依存するかもしれない）。一日あたり五〇個体ほどの計測をおこなうこともできた。得られるモデルもCreaformまではいかないものの、それなりに細かな表面の特徴を捉えることができる（図1・3）。

1・2　三次元計測機器と手法：SfM/MVSによる計測

SfM/MVSはカメラによる二次元写真から三次元モデルを構築する手法の一つである。三次元モデルを構築するということだけが目的であればカメラ自体はなんでもよく、携帯端末の写真であっても、写真撮影の条件を満たしていれば穴のないモデルが構築できる。もちろん、後述するように写真の質がモデルの良し悪しを左右するので、ある程度の質の写真撮影が可能なカメラが望ましい。

SfM/MVSの基本は、図1・4のように計測対象の同じ箇所を被らせながら、写真撮影をおこなっていくことである。撮影された写真から三次元モデルを構築するソフトウェアはいくつかの種類があるものの、ここではわれわれが主に使用していたAgisoft Metashape（旧Photoscan）について紹介する。[1]

基本的には、撮影された写真をMetashapeへ取り込み、ワークフローを選択して写真のア

図1・4　後述するFoldioを用いて土器を回転させながら撮影した写真。土器は福岡県小郡市津古土取遺跡出土のもの（小郡市埋蔵文化財センター所蔵）。

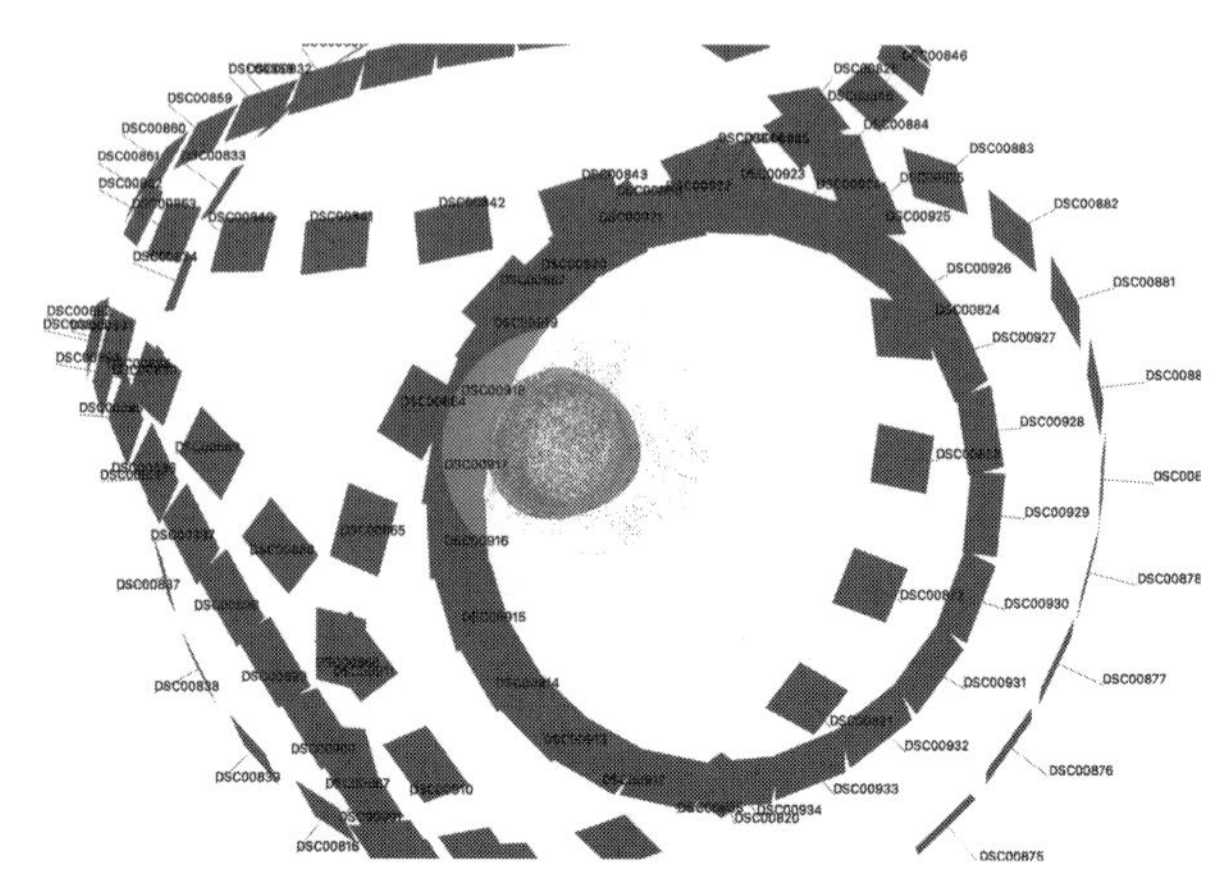

図1・5　Metashapeを用いた三次元モデル構築の様子（写真をアラインメントした状態）。土器は図1・4と同じ津古土取遺跡出土のもの。

ラインメント、高密度メッシュクラウド、メッシュの構築と手順を進めれば、三次元モデルが構築できる（Metashapeを用いた三次元モデル構築の一般的なワークフローについては、巻末の補遺1を参照）。ただ、異なる写真で捉えられている計測対象の一部がうまくかぶっていなかったりすると、写真のアラインメントの時点で失敗することが多い。一アングルにつき、おおよそ二四枚以上（つまり一五度ずつ回転させて）撮影すると、写真のアラインメント自体はほぼ問題なくおこなわれていた。

　こうして撮影された写真から、SfM/MVSではまず点群（point cloud）というデータを構築する。図1・5は、二〇〇枚ほどの写真からMetashapeを用いて三次元モデルを構築している様子である。この状態で対象のおおよそのかたちが再現できていれば、最終的なモデル構築まで問題が起こることはあまりない。

Metashape などで SfM/MVS による三次元モデル構築をおこなう場合、最終的な三次元モデルを得るのに多少時間がかかってしまうため、現場で最終産物を確認できない場合も少なくない（多くのデータを取得しようとする場合は特にそうなる）。その場合は、現場で低〜中密度の点群データを生成し、そこから粗め（＝メッシュが少なめ）の三次元モデルを構築して、手持ちの写真で最終的な三次元モデル構築に大きな問題がないかどうかを確認しておくとよい。もちろん、現場作業後の残業が増えるという別の問題が生まれてくるが、これは SfM/MVS だけでなく、３Ｄスキャナーなどを使用した場合も同様である。

基本的にこのような流れで三次元モデルが構築できるはずである。そして先述したように、三次元モデルを構築するという目的だけなら、ある程度範囲をかぶらせて撮影した写真があれば十分である。ただし、より質の良いモデルを構築しようとするならば、まずは写真の質を確保しておかねばならない。写真撮影に関して注意すべき点を以下に箇条書きしておく。

- ピンボケは論外である。ピンボケ写真が含まれていると、その箇所だけ点群の密度が減ってしまい、最終的な三次元モデルもそこだけ粗いものができあがる。
- ピンボケを防ぐため、手ブレなどを極力排除する。ブレ補正機能の優秀なカメラがよい。

シャッターもレリーズのようなリモートスイッチを使用するか、後述するような携帯端末などによる操作が望ましい。カメラは三脚に固定するのがもちろん望ましい。考古遺物で解析がうまくいかない原因の多くは手持ち画像である。

- 被写界深度を確保する。できればマニュアル設定が可能なカメラを使用し、F値（カッコ内はわれわれが使用することの多い数値：九～一八）、ISO感度（一〇〇程度）、シャッタースピード（一／一五～一／三〇）、焦点距離（一八～三五mm）を調整しておく。室内でこの設定にすると当然光量が不足するので、何かしらの手段で光量も補う必要がある。われわれは後述するFoldioの光源を主に利用していた。被写界深度を広げるには絞るか、対象物までの撮影距離を広げることがまず考えられるが、前者については小絞りボケ、後者は対象物が画角内で小さくなる（＝計測密度が粗くなる）ことに気をつける。
- グレーカードを用意して一緒に撮影しておく。グレーカードを一緒に撮影しておけば、それに合わせて後で写真の色調整が可能になり、写真全体の暗さなどがそこまで大きな問題にならなくなる。色調整はカメラ付属ソフトやAdobe の Photoshop（Camera Raw）などで可能である。
- 写真のファイルはjpegのような圧縮データではなくRAWデータも保存しておく。RAWデータで保存しておくと、先述した色調整も可能でありtifで吐き出すことができる。また、詳細形状の復元を目指す場合、ＲＡＷを使用する必要がある。なお、解析時間は原理からＲＡＷとｊｐｅｇでほとんど差はない（山口 2021）。

　これらの点には最低限気をつけておくといいだろう。逆に言うと、これらの点に注意して、写真をうまくかぶらせて撮影できてさえいれば、Metashape や注(1)で触れた RealityCapture などでの三次元モデル構築そのものは、そこまで難しくはない。また、どうしても光量が確保できないようなケースだと、ＩＳＯ感度を高くしたり、シャッタースピードを遅くしたりする必要が出てくる。博物館の展示品を室内でそのまま撮影するといった場合、そうした妥協も重要である[2]。

　もしさらなる注意点があるとすれば、ある程度のグラフィックボード（Graphics Processing Unit: ＧＰＵ）とメモリを備えたパソコンがあると、現場でのデータ確認もスムーズに進むということだろうか。Metashape の場合、OpenCL か CUDA が推奨されているので、ゲーミングパソコンで採用されている NVIDIA GeForce が搭載されていると作業が特に早く進む。この原稿を書いている二〇二三年時点で GeForce RTX の最新バージョンは４０９０で、これを搭載したノートパソコンは四〇万円を超えるものも少なくないが、２０７０や２０８０といったバージョンでも、現場での確認はおおよそ三〇分程度ですんでいた。こちらであれば、現在では二〇万円を切るものも少なくないようだ。

また、Metashape の場合、図1・4で回転台の上に貼り付けてあるマーカーを用いることで、三次元モデルにサイズ情報を追加することができる。つまり裏を返せば、SfM/MVS で構築された三次元モデルは、特に何もしなければサイズ情報が付加されていないということである。他方、3Dスキャナーで計測されたデータの場合、少なくとも先に説明した二種類のスキャナーであればサイズ情報が自動で付加されている。

図1・4に見えているマーカーは Metashape のソフトからダウンロードが可能であり、撮影した写真にマーカーが含まれていれば、ソフトがそのマーカーを認識してくれる。あとは、計測者がマーカー間の距離を測って記録しておき、それをソフト上で入力してやることで、三次元モデルにサイズ情報が付加されることになる。注(1)で触れた RealityCapture の場合は、できあがったモデルのうえで適宜サイズを入力してやることで、全体へのサイズ情報が与えられる。

では、より具体的な対象ごとに計測手法を説明していこう。SfM/MVS の場合はもちろん先述のようにカメラで写真を撮影し、その二次元写真から三次元モデルを構築していく。通常、撮影者が対象の周囲を回りながら写真の撮影をおこなうことが多いのだが、この撮影が一苦労である。夏の屋外での撮影は地獄であるし、土器などは室内で撮影できるが、光量を補う必要

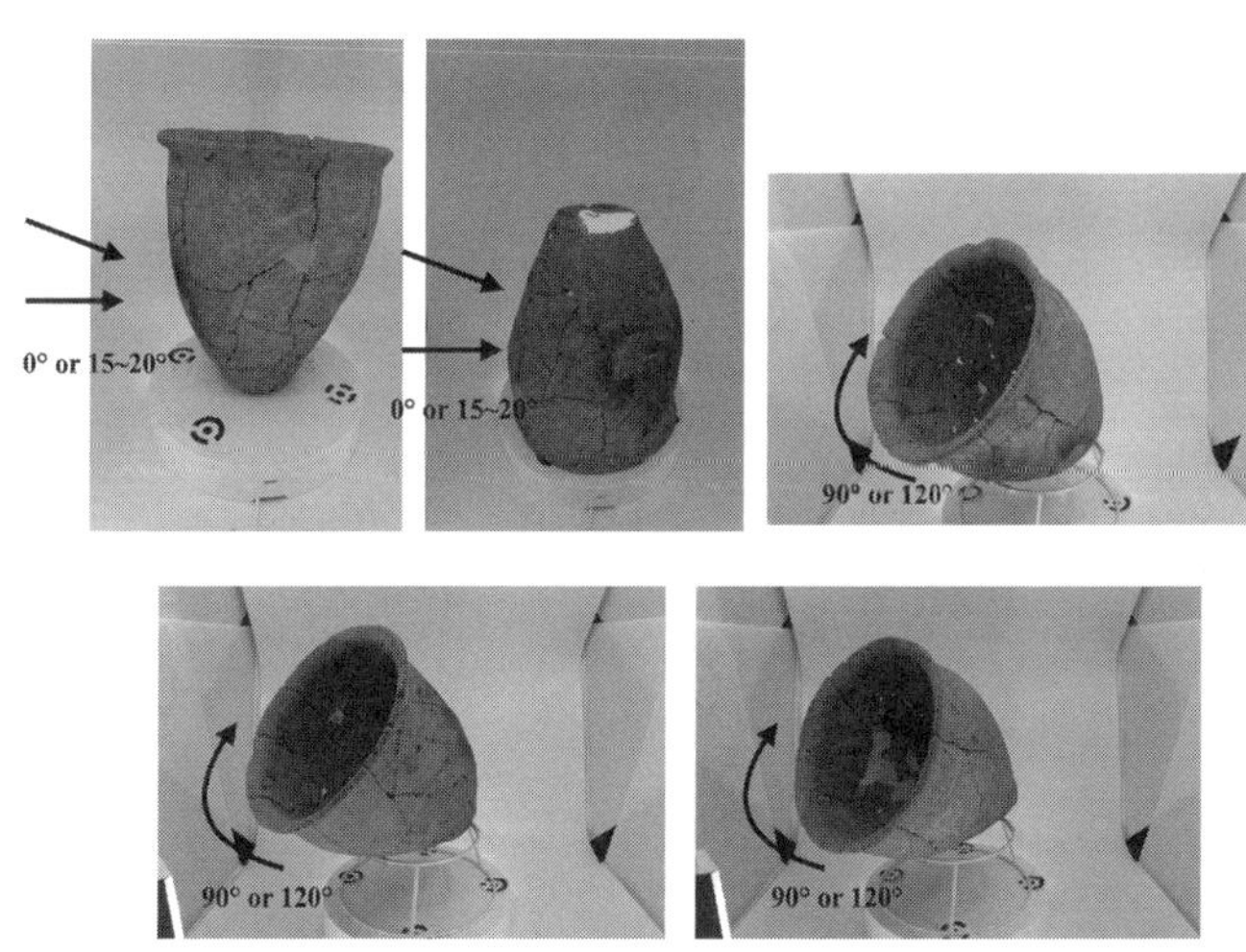

図1・6　計測しているのは高知県南国市田村遺跡出土土器（高知県埋蔵文化財センター所蔵）。Kaneda et al.（2022）より転載。

がある。さらに、たとえ室内であっても、カメラを固定した三脚ごと、角度を変えながら撮影者が回転するのはなかなか大変である。[3]

この苦労を解消するため、われわれは自動で回転する回転台を使用していた。Foldioという回転台は一部メーカーのカメラや携帯端末（のアプリケーションソフトウェア）と連動させることができ、回転数・角度を決めて自動で撮影をおこなってくれる。図1・6はこの回転台を用いた際の撮影風景である。Kaneda et al.（2022）では撮影風景の動画も補足資料として掲載されているので、そちらをご覧いただきたい[4]（https://doi.org/10.1371/journal.pone.0270660.s033）。

この回転台を用いて撮影する際には、角度をうまく変えながら撮影してやることが重要になってくる。あまりに正面すぎたり、あるいはあまりに写真のかぶり方（オーバーラップの度合い）が少なすぎたりすると、最終的に三次元モデルがうまく構築されずに終わってしまう。ここでは、モノの安定性を確保しつつもSfMの原理にあわせた撮影の工夫が必要である。

特に、土器の内外ともに撮影してモデルを構築するためには、一枚の画像のなかに必要な内外面を含む角度で撮影した画像があると良好なモデルが作成できる。土器の口縁部を上にして底部を接地させるような正立の写真と内面だけの写真では、共通する部分が口縁部のわずかな部分でのマッチングとなり、位置合わせに大きく誤差が生じるか、最悪の場合はマッチングしない。これを避けるためには内外面の広い範囲が画像内に収まるように角度をつけて土器台の上に設置し、回転させながら三〜四パターンの角度から撮影すると好成績を得やすい。

この回転台を用い、複数角度で撮影された写真をもとにして三次元モデルを構築している様子が先の図1・6である。図1・6のMetashapeで作業している様子のスクリーンショットからもわかるように、この土器は四種類の角度から、各角度について三〇枚ほどの写真を撮影して計測している。闇雲に枚数を撮っても良い成果になるとは限らない。また図1・6では土器内部まで撮影されているのもわかるだろう。

さらに、古人骨についても同様の手法で三次元計測が可能である（中川他 2022）。土器と同様、こちらもFoldioを用いて人骨を回転させながら自動で撮影をおこなった。撮影角度は図

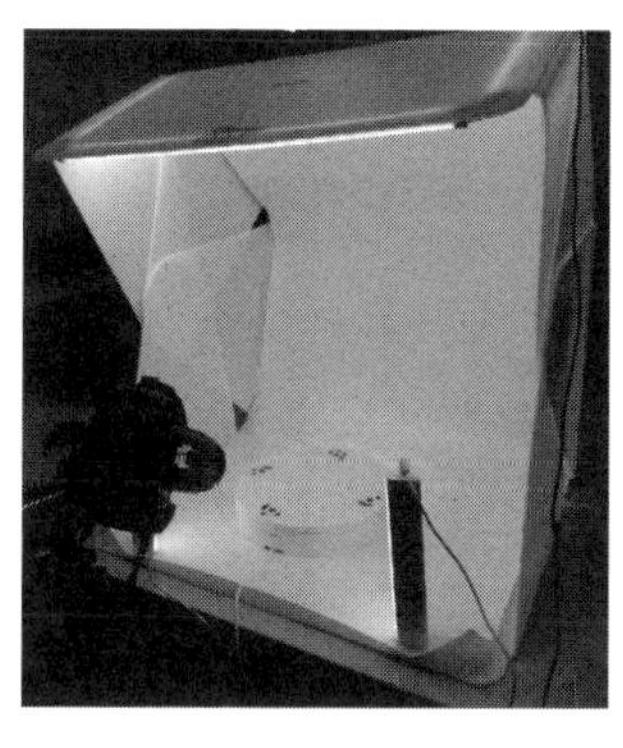

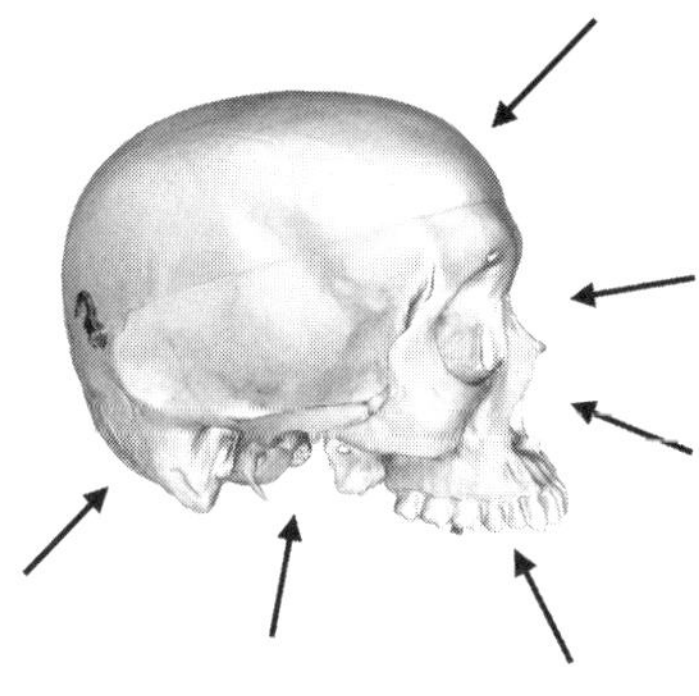

図1・7　古人骨を三次元計測する際の撮影角度。人骨は京都化学の人骨模型（SH-7）であり、用いられている画像は図1・3と同様、Einscan Pro HDで計測された三次元モデルのスクリーンショットである。中川他（2022）より転載。

1・7を参照してほしい。各角度から三〇枚程度の写真を撮影し、三次元モデルを構築していった。

歯を覆っているエナメル質のように反射する対象や黒曜石、ガラス製の遺物などの場合、多くのレーザースキャナーは計測ができなくなってしまう。しかしSfM/MVSは、こうした反射物も比較的問題なく計測できることが少なくない。古人骨の計測で反射するときは偏光フィルターを用いると問題なくモデルが構築できることも多々あった。これは資料にあわせて機材を選択する必要があるだろう。

1・3　得られたデータの性質

ここまで、3Dスキャナーや SfM/MVS を用いた三次元計測の基本を簡単に概観してきた。まずは各手法で得られた三次元モデルどうしを、土器と人骨に関

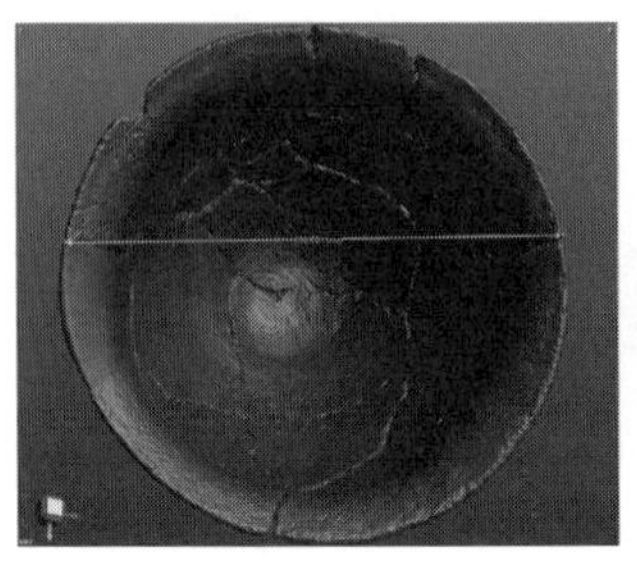

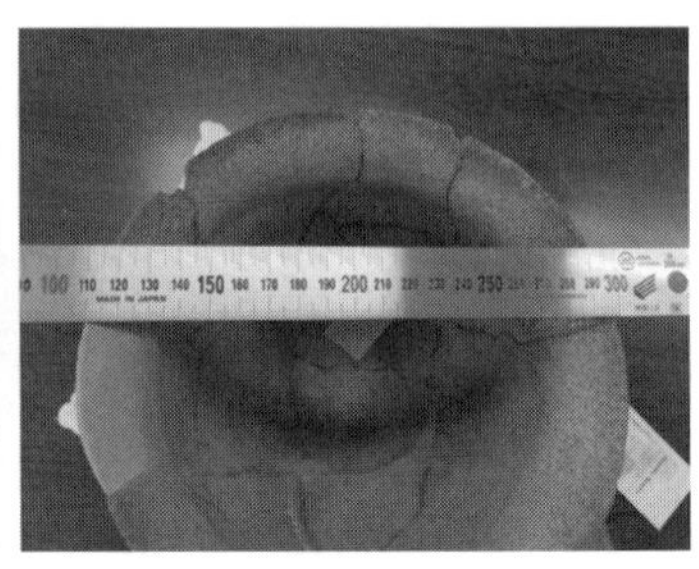

図1・8　Creaformのレーザースキャナーで計測した三次元モデルと実際の土器のサイズを比較している。Kaneda et al.（2022）より転載。

して比較した結果を紹介しておこう。結果を先に述べておくと、どの手法で計測された三次元データも実質的な差異はみられなかった（Kaneda et al. 2022；中川他 2022；Nakao, Nakagawa, & Yoshida 2022）。

まずは土器に関して述べる。こちらはより詳細な比較結果をKaneda et al.（2022）にすべて公開してあるので、そちらも参照してほしい。土器についてはCreaformのレーザースキャナーで計測した結果を実際の土器と比較し、サイズに違いがないかどうかをまず確認した。その結果、目に見えるような範囲での差異はなく、十分に実際のかたちを捉えられていると判断した（図1・8）。したがって、以下の比較検討においては、このCreaformによって計測された三次元データを基礎的な比較基準として用いる。

では実際に各種の計測法どうしを比較しながら、それぞれの方法がどの程度信頼できる三次元モデルを構築できているか、確認していこう。まずは土器を用いて、レーザースキャナーと

SfM/MVSのモデルを比較した結果である（図1・9）。これはGOM Inspectというソフトを用いて比較しており、色が濃い部分ほど、レーザースキャナーの三次元データから外れていることを示している。ズレはどこもおおよそ一ミリメートル以下に収まっており、土器全体のサイズ（口縁部が直径二〇〇ミリメートル程度）を考えると、〇・五パーセント以下のズレに抑えられている。

ではどこが一番ズレているだろうか。やはり口縁部や突帯（土器側面で飛び出ているような箇所）の先端、また光が届きにくい底部などでズレが生じている。もともとSfM/MVSでは石器の端なども計測が難しく、土器でも同様の結果になっている。こうした尖った先端部分を計測するには、その部分を集中的に接写するなど、別の注意が必要になる。ただ、今回は土器全体の様相を捉えるということが目的であること、またそのズレも一ミリメートルに満たないことを考えると、十分に現実のかたちを捉えられているといえるだろう。

次は古人骨での計測結果を確認しておく。図1・10（上）は、富山県富山市小竹貝塚出土古人骨について、Creaformのレーザースキャナーと SfM/MVS, Einscan Pro HDでの計測結果を比較している。SfM/MVSで三次元モデルを構築する際、メッシュ構築時に設定（「内挿補間」を選択）すれば、よほど点群がない場合を除いて、隙間がないようにモデルが構築される。他方、Creaformのスキャナーでは、光が届かない大きな部分については、穴が空いたままのモ

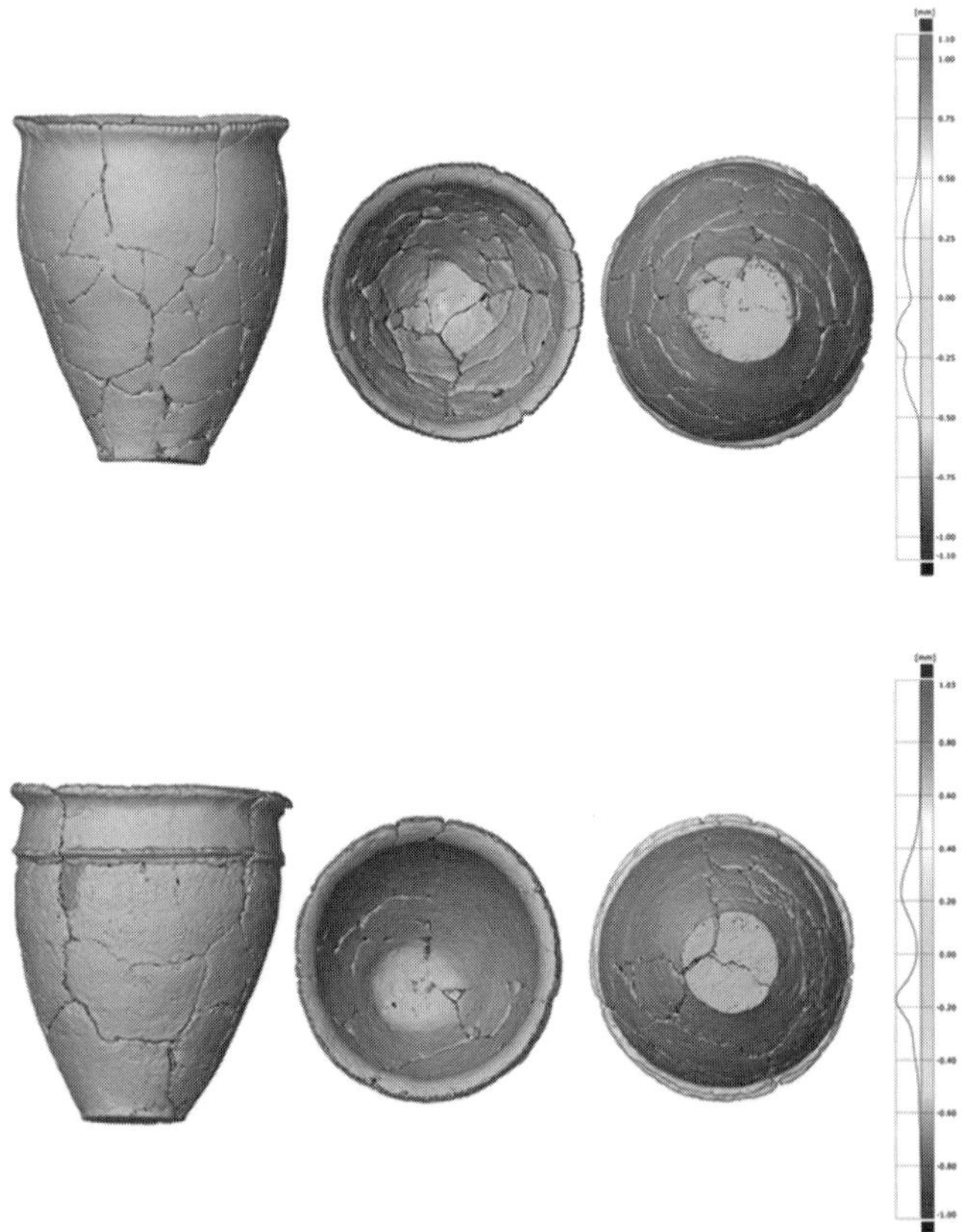

図1・9　Creaformのレーザースキャナーで計測した三次元データとSfM/MVSによって計測された三次元データの比較。土器は高知県南国市田村遺跡（高知県埋蔵文化財センター所蔵）と福岡県小郡市津古土取遺跡（小郡市埋蔵文化財センター所蔵）出土のもの。Kaneda et al.（2022）より転載。Kaneda et al.（2022）では二種類のレーザースキャナーと三種類のカメラ、撮影者による計測を、さまざまな土器で比較しているので、関心のある方は参照してほしい。

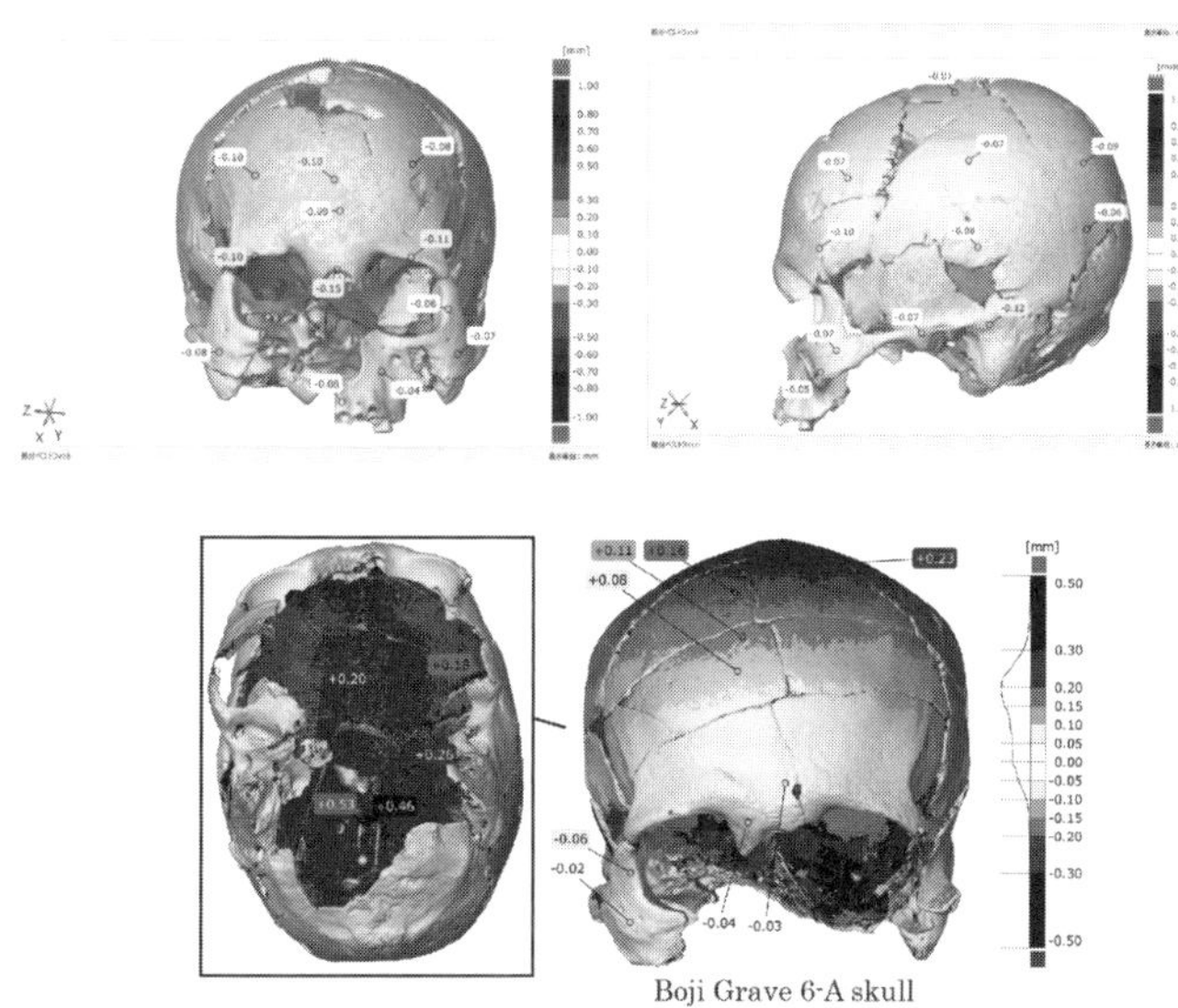

図1・10　Creaformのレーザースキャナーで計測した三次元データとSfM/MVSによって計測された、古人骨の三次元データの比較。人骨は富山県富山市小竹貝塚（富山県埋蔵文化財センター所蔵）、長野県埴科郡坂城町保地遺跡（坂城町教育委員会所蔵）出土のもの。中川他（2022）、Nakao, Nakagawa, & Yoshida（2022）より転載。

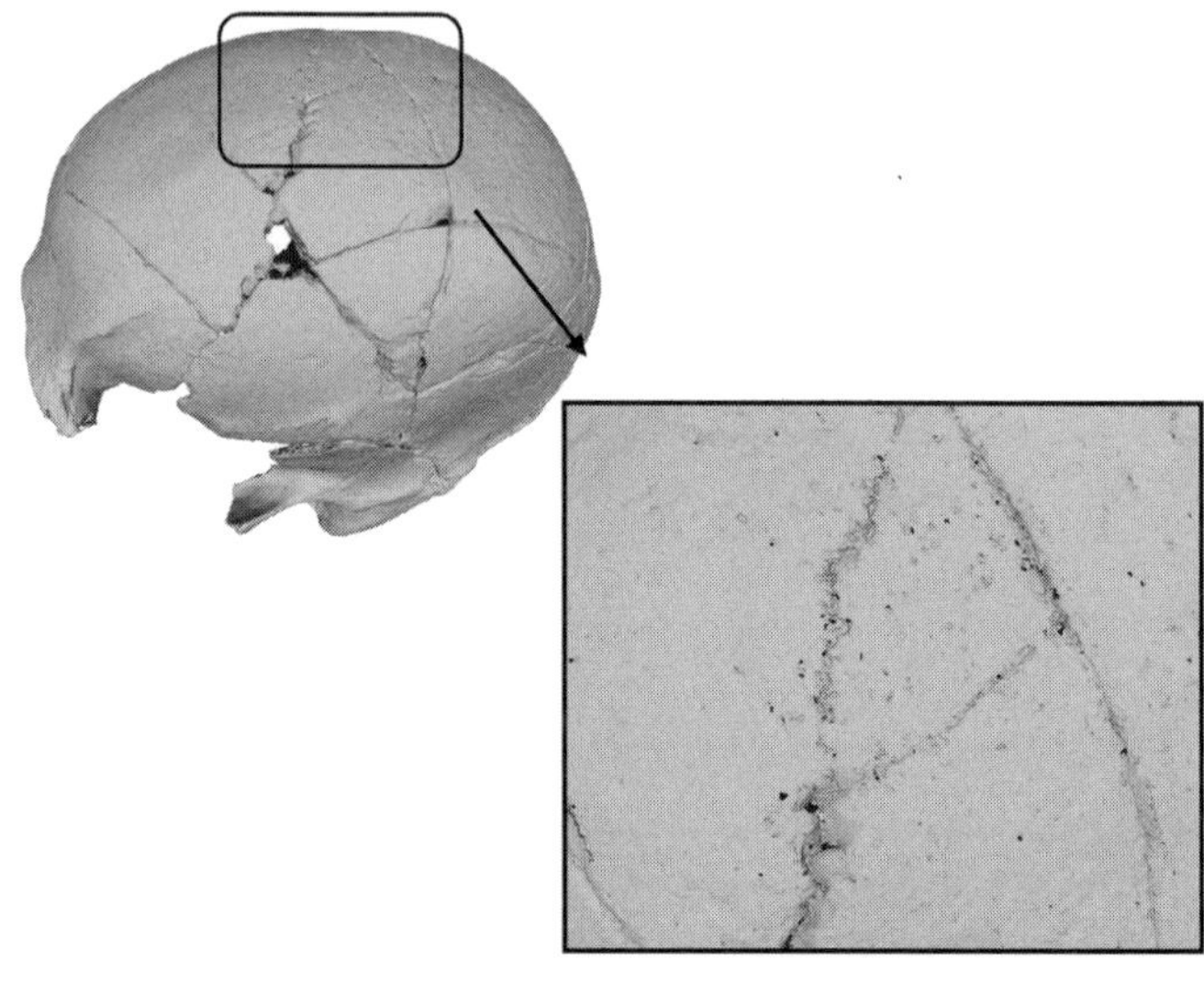

図1・11　Creaformのレーザースキャナーで計測した際、時折見られるメッシュの粗な部分。人骨は長野県埴科郡坂城町保地遺跡（坂城町教育委員会所蔵）出土のもの。

デルが構築される（Einscanではモデルの穴埋めをするかどうか選択できる）。小竹貝塚の計測では、人骨の内部までレーザースキャナーの光が届かなかったため、そこは大きなズレが生じている。しかし、それ以外の点についてはほとんどズレもなく、小竹貝塚の古人骨の場合、両計測手法で構築される三次元モデルは、実際の古人骨を十分よく再構築できているといってよいだろう。

ただし、長野県埴科郡坂城町保地遺跡の場合、光が届きづらい内部はまだしも、頭蓋上部に少しズレが生じてしまっている（図1・

11)。これはレーザースキャナーの性質上、時折起こる現象で、光を反射しているのかメッシュがざらつくような状態で計測されてしまうことがある。（周囲の光の状態やセッティングを調整して）何度かやり直すと問題なく計測できる場合もあるが、うまくいかない場合もある。とはいえ、そこまで大きなズレにはなっていないので、ひとまずは問題ないと考えられる。これは土器でも時折生じる現象であった。

最後に、遺構についての計測結果比較を紹介しておこう。吉田・中川・中尾（2022）では愛知県清須市朝日遺跡で出土した古人骨のうち、骨を個別に取りあげたのではなく、出土状況のまま固めて取りあげた人骨について、SfM/MVSとCreaformのレーザースキャナーでの計測結果を比較している。比較結果は図1・12にまとめたとおり、ここまでと同様、大きな部分でのズレはみられない。ただ、レーザースキャナーで光が届かなかった凹凸部分に関しては、一部ズレがみられている。

ここまで各種3Dスキャナー、SfM/MVSによる計測結果を比較してきた。どれもそこまで大きな違いはなく、もし土器で示したようにCreaformのレーザースキャナーが現実のかたちを正確に捉えているのだとすれば、他の手法もさほど問題なく、現実のかたちを再構築できていると判断できるだろう。

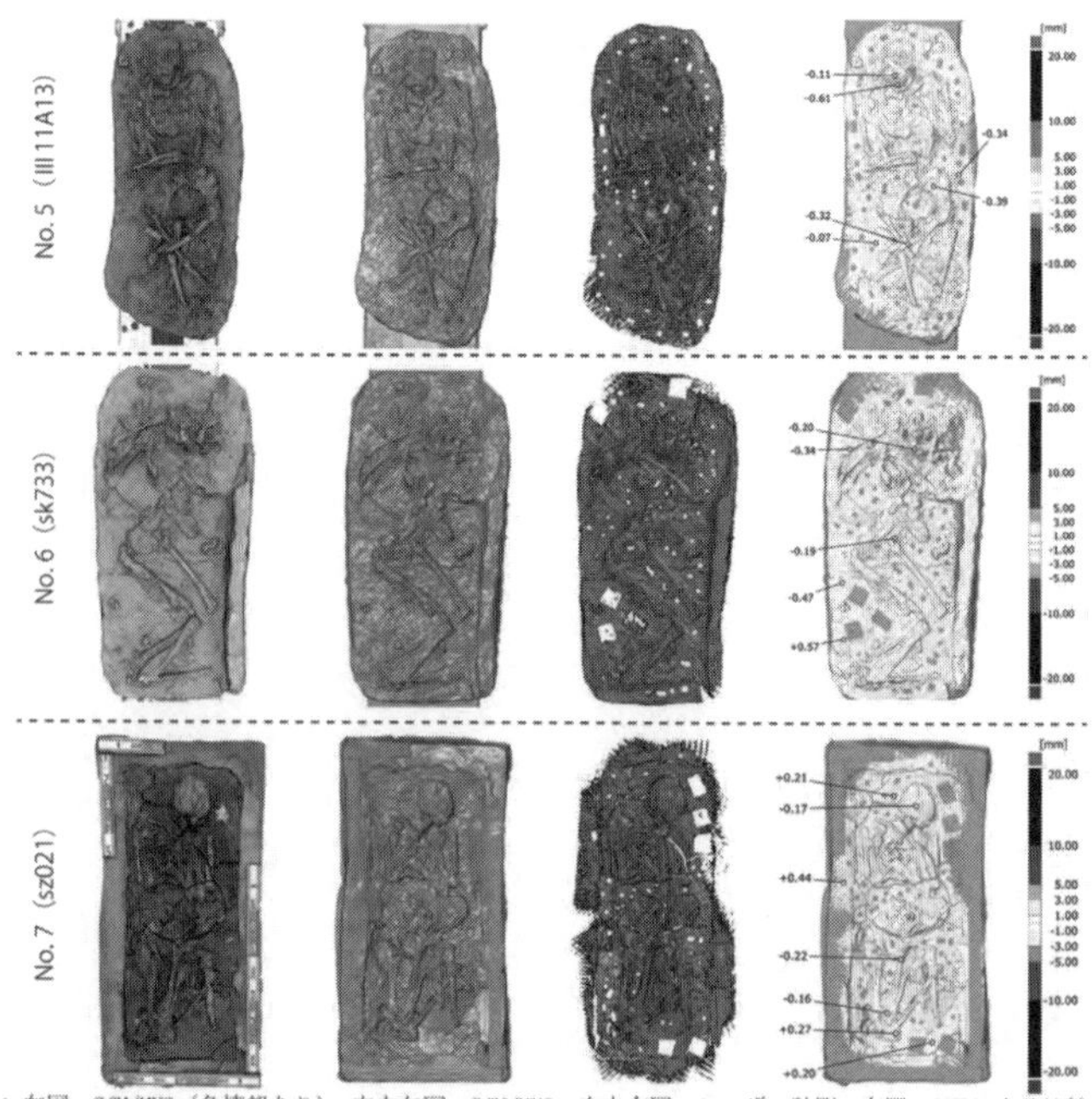

＊ 左図：SfM/MVS（色情報あり）、中央左図：SfM/MVS、中央右図：レーザー計測、右図：GOM による比較

図1・12　愛知県清須市朝日遺跡出土古人骨の計測結果比較。吉田・中川・中尾（2022）より転載。

1・4　三次元計測の今後：従来の手法との比較

三次元計測には夢がある。さまざまなＸＲ（Extended Reality/Cross Reality）技術をみていると、近い将来、考古遺物三次元データを用いた過去の世界の仮想構築などもできてしまいそうである。そして、三次元計測が身近になっていくと、考古学や人類学の研究手法も一変してしまうのかもしれない。たしかに、部分的にはそうなるだろうし、それがよりよい研究結果につながるのであれば申し分ない。

とはいえ、三次元計測に夢を抱きすぎるのも問題である。よくあることだが、過大な宣伝の後にはバックラッシュがやってくる。本当にその技術が重要で、なおかつ、より多くの人たちにその技術を受け入れていってもらうことが目的だとするなら、楽しい夢物語に興奮するだけでは逆効果になりやすい。

実際、三次元計測の周辺ではいろいろな論争を目にすることも少なくない。三次元計測があれば、従来のような二次元実測図は不要であるという主張、そしてそれへの反論として実測図にも意義があり、モノを見る訓練になるのだ、というような主張である。本節では、上記のような状況を踏まえたうえで、ここまでみてきた三次元計測の問題点などについて再度検討しつつ、三次元計測の今後について考察しておこう。

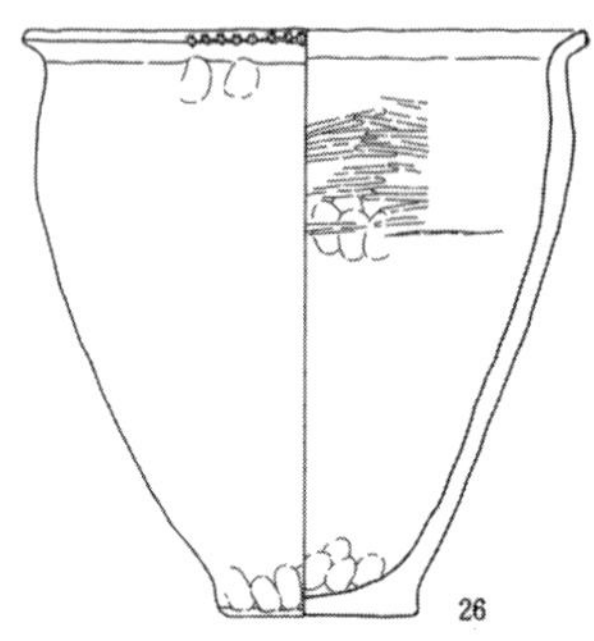

図1・13　香川県坂出市下川津遺跡出土土器（香川県埋蔵文化財センター所蔵）の二次元実測図（香川県教育委員会 1990）と三次元データのスクリーンショット。

ここからは、二次元実測図との比較である。三次元計測は二次元実測図より詳細に土器や石器の表面を捉えてくれる。もし詳細な特徴を捉えることが実測図の目的なのであれば、もしかすると二次元実測図は不要になっていくのかもしれない。実測図と三次元データを比較してみよう。図1・13では香川県坂出市下川津遺跡出土土器について、同じ土器の二次元実測図と三次元データのスクリーンショットを比較している。たしかに土器表面の凹凸や口縁部の刻み目などを二次元画像としても表現したいというのであれば、三次元データのスクリーンショットの方が優れた表現にはみえる。

また、先述したように、二次元実測図にはモノの表現だけでなく、モノを見るための訓練という側面がある。たしかに実測図を書くことにより、モノの重要な特徴に注意を向けることができ、またモノのかたちを自身でなぞるように再表現することは、対象への身体的な理解が進むといえなくもない。しかしこうした主張には、描写側の理解という目的が、モノの表現という目的に必ずしも直結しないという問題点がある。実測図からモノの情報を抽出したいと考えている立場からは、訓練結果を見せられても困惑するだけである。この点を混同してはならない。

二次元にしても三次元にしてもモノへの理解は必要であるが、もし三次元計測にかかる手間とコストが二次元実測図より低くなり、なおかつ二次元の表現だけでなく三次元データが報告書で使えるようになれば（どこかのサーバーに三次元データが蓄積されて、計測主体の許可があれば誰でもアクセスできるというような状況だろうか）、モノの表現として二次元実測図を使用する理由は失われてしまうかもしれない。だが、そうした理想的状況が実現されるためのハードルは、非常に高いといわざるをえない。安定したアクセスが可能なサーバーは、誰が用意、維持・管理するのか。膨大なデータを格納するデータベースをどのように構築するのがよいのか。各種の問題がある（第二章も参照）。

発掘がおこなわれて大量に出続ける遺物に対して、実測図よりも効率のよい三次元計測技術を、どの発掘主体も平等に手にできるようにするには、どうすればよいのか。予算と人手が（少なくとも今後しばらくは）限られるこの業界において、こうした問題を解決するのはそう簡単ではない。もちろん、技術の進歩は驚くほど早く、この数年でも三次元計測周辺の技術的・

コスト的問題は大きく改善されてきている。そこに期待するとしても、少なくとも今後しばらくは、二次元実測図と三次元計測の併用が現実的な解となるだろう。

さらに言えば、技術の改善は諸刃の剣のようなものである。数年前に計測された三次元データが、将来の計測技術からすればみるに耐えないといった状況も十分に考えられる。新しい技術が開発されるたびに計測をやり直し、新しいデータを取り直し続けるのか。その間も、新しい遺物は発掘され続ける。これがまさに、二次元実測図をめぐって今起こっている問題である。新しい技術に飛びつくだけでなく、効率と目的に応じて、現実的な落としどころを探ることもまた、今後の三次元計測技術に関しては重要な論点になってくるはずである。

加えて、多様な手法による三次元計測技術が公開され、導入コストが低減している現在、三次元データの質はさまざまであり、その質によって利用可能な部分が異なる。詳細で高密度なデータは広い利用に対応するが、反面、データ量は飛躍的に増え、取得に必要な各種コストもかかる。おおまかなデータの閲覧・公開といった目的においては、近年話題の携帯端末による計測などが簡便かつ効果的なこともある。逆もまたしかり、それで広範な目的を達成できるわけでもない。

また、これは第四章以降にもかかわる問題だが、三次元計測それ自体が考古学・人類学の目的なのかどうかも、念頭においておくのがよいだろう。考古学・人類学が何を目的にするのか・すべきなのかは、ある種哲学的な問いでもあるが、おおまかにいえば過去の人間の諸活動を（なんらかの意味で）理解もしくは説明したい、というのが目的の一つだろう。こうした目的のもとで、計測された三次元データをどう使用していくか、またその目的のためにはどのようなデータが必要なのか。こういった点についても検討が必要である。

実際、第四章や第五章でも示すように、広域的・長期的な文化・人間の時空間動態を把握するには、現状では二次元実測図の解析にも一定の意義がある。これまで数十年にわたって膨大な報告書で蓄積されてきた、そして少なくとも今後十年以上は蓄積され続けるであろう二次元実測図について、過去（の技術）を否定することに終始するのではなく、有効な資源としてどう利用できるのか、そちらについても議論が必要である。

また、本章でも紹介したように、高価な３Ｄスキャナーが購入できれば、手早く質のよい三次元モデルが得られるのは確実である。問題は、三次元計測にそこまで予算を費やせない場合が多いことだろう。その点、SfM/MVS は比較的安価な装置で計測が可能であり、ソフトウェアも Metashape のスタンダード版であれば二万円程度で購入可能である。写真撮影に多少工夫と慣れが必要とはいえ、そこさえクリアすればかなり広く、導入しやすい技術といえる。今後、三次元計測の普及という点を考えるなら、また工夫次第でいろいろな場面で使えるという点も考慮するならば、SfM/MVS による三次元計測が一つの定番に十分なりうる。

ヒトゲノムが解読され、二〇年が経過した。あの当時は「これですべてがわかった、すべてが変わる」というような雰囲気を感じなくはなかった。規模は異なるが、新しい技術が出てきたときは、たいてい似たような雰囲気を感じるものである。今後、三次元計測がより広く浸透し、さまざまな場面で有効に機能していくことはまちがいのないことである。ただ、それに向き合う姿勢をまちがえないようにしたい。

注

（1）RealityCaptureというSfM/MVSソフトウェアもかつてから定評があったが、近年低廉化し、研究機関であれば無償で使用することができるようになっている。作成したモデルを都度購入するプランとソフトを買い切るプランがあり、前者は無料でフル機能を使用でき、モデルの購入費も廉価なため、個人での利用ではこちらも魅力的である。

（2）こんなことを書けるほどにはひたすらどこでも計測していたんだな、というしんみりとした感慨がこの文章の裏には隠されている。三脚を抱えて対象のまわりを回転し、床や復元された遺構の斜面に這いつくばって撮影することの辛さはここで体感した。兵庫県立考古博物館と金隈遺跡展示室の関係者のみなさまには感謝したい。

（3）汗だくになって遺物のまわりを回転して撮影し、見学されている現場の関係者に同情されるのも、もう慣れた日常になった。

（4）リンク先の動画の右横に映っているのは撮影場所としてお借りした南山大学博物館に置かれている

ホモ属の模型である。往々にして、視聴側は撮影者が一番気づいてほしい、もっとも工夫したポイントには気づいてくれないものである。

第二章　データの公開と共有

田村光平・中尾 央

調査中に疲労困憊の編者

データを集めるのは大変である。いろいろな場所へ出かけ、時には交渉し、書類を用意し、入念な準備を経て時間をかけて待っても、下手をすれば期待していたデータが得られないことさえある。いや、目論見が外れることのほうが多いかもしれない。予想以上のデータが手に入りそうな見込みとなれば、ニヤつきを抑えられない。そして、論文を書くには、何年もかけてデータを蓄積する必要がある。こうした血と汗と涙の結晶だからこそ、データは、それを取得した研究者の貴重な財産だとみなされていたし、囲い込みがある程度正当化されてきた。

しかし、近年、データを研究者の財産とみなし、「囲い込み」もやむをえないとする考え方が見直されつつある。データ取得には労力が必要であり、もちろんそれを用いて最初に研究するのは、データを取得した研究者だろう。しかし研究が発表された後、そのデータは囲い込むものであるどころか、さまざまな理由によって、公開され、共有されることに重きがおかれはじめている。

本書のテーマの一つである三次元データは、こうしたデータの公開・共有をめぐる動向のなかで、代表例として扱われることも多い。本章では、まず、三次元データに限らず、データや研究リソースの公開の背景について、いくつかの流れを紹介する。その後、具体的な三次元データの共有についての事例を紹介する。

2・1　再現性の危機

二〇一五年に、米国の科学雑誌『Science』で、過去の有名な心理学の研究のうち再現できたものが四〇パーセントに満たないという報告がなされ、大きな注目を集めた（Open Science Collaboration 2015）。これは、心理学が信用ならない分野だというわけではない。多かれ少なかれ、他の分野でも「疑わしい」研究慣行は続いており、再現性が問題になっている（Baker 2016）。ニュースなどで騒がれる大規模な研究不正はもしかすると氷山の一角でしかないのかもしれない。「疑わしい」研究慣行は、意図された不正のみではない。むしろ、分野の「慣習」や「伝統」として、悪意なく、知識を望ましくないかたちで蓄積してしまっている可能性もある。

例を挙げると、統計解析においては結果が統計的に有意かどうかを判断するため、p値について五パーセントという基準が「慣習的に」使われる。「統計的に有意な差がある」という結果が出た方が論文として採択されやすいため、出版された論文におけるp値の分布は、五パーセントのところに「崖」が生じることになる。あるいはp値が五パーセントを下回るまで、データを増やし続けることもおこなわれる。考古学においても、データセットに加える遺物・遺跡を変えることで、p値を「調整」することは可能である。もちろん、統計解析に特有な問題ではない。「差の有無」を議論するために、都合のよいデータセットをみつくろうことや、意図せずそうなってしまうことは、数理を用いない研究でも起こりうる。

もし、自然科学や社会科学のみならず、人文学を含む学術全体で再現性がなかったということになれば、どういう問題が生じるだろうか。「巨人の肩に乗る」と形容されるように、研究は先行研究の知見を踏まえ、その知見を改良したり、その知見から導かれるさらなる予測や問題を検討したりして進んでいく。当たり前のような話だが、もし先行研究の成果が再現可能でないとすれば、その研究の上に積み重ねられた成果をどう理解すればよいのかわからなくなる。もしかするとそうした成果がすべて台無しになってしまうかもしれない。「巨人」が足元から瓦解することになるわけである[1]。

再現可能性は、多様な内容を含むうえに、訳語も統一されていない。本章では、国里（2022）にしたがい、再解析による再生可能性（reproducibility）と追試による再現可能性（replicability）に大別することにする。また、多くの場合、関連する概念を包括して「再現可能性」とよばれるため、ややまぎらわしいが、以降、両者を合わせて「再現可能性一般」と書くことにする。前者は、同じデータに対して同じ解析をおこなった場合に同じ結果が得られるかどうかを、後者は、異なるデータに対して同じ解析をおこなった場合に同じ結果が得られるかどうかを意味している。後者の再現可能性がない場合、それは必ずしも疑わしい研究慣行のためではなく、対象の多様性のためかもしれない。たとえば、日本の新石器時代の資料をある方法で分析した結果が、ヨーロッパの新石器時代の資料を同じ方法で分析して結果が異なった場合、考古学者の多くはそのことに特に違和感を抱かないだろう。しかし、先述した心理学の「再現されない」とされた結果に、こうした事例も含まれることには注意が必要である。心理学における後者の再現可能性改善についての取り組みは多数あるが、心理学をはじめとする実験を中心とした社会科学と、考古学では一般性や多様性への向き合い方が異なるため、どういった試みが適用可能なのか、検討が必要である。

したがって、本章では、他分野での議論が考古学の文脈においても一定以上適用可能であろう前者の再生可能性を中心に扱い、その側面から、次節ではオープンサイエンスの動向についても紹介する。オープンサイエンスは、論文やデータをはじめとする学術資源を公開しさまざまな主体の参画を促す動向の総称である。再現可能性一般の問題への対応として、発表された研究のデータをオープンにし、共有して再検証を促進する、という方策が考えられるだろう。もちろんこれが唯一の理由ではないが、オープンサイエンスが望ましい規範として広く支持されるようになったきっかけの一つには、こうした再現性の危機という問題が挙げられる。

2・2　オープンサイエンス

オープンサイエンスとは、専門家のみならず、非専門家も科学・学術研究の成果にアクセスし、あるいは研究に参加することにかかわる、幅広い活動や動向を指す。具体的には、論文や著書の無料公開、データやスクリプトの公開にはじまる研究の透明化などである。

日本においても、二〇一五年には内閣府でオープンサイエンス推進に関する報告書が出された。日本における科学技術研究の基本的な方針と予算などを五年ごとに策定する科学技術基本計画では、第五期で「オープンサイエンスの推進」の項目が追加され、第六期（このときから科学技術・イノベーション基本計画という名称に変更された）においても「新たな研究システムの構築（オープンサイエンスとデータ駆動型研究等の推進）」でオープンサイエンスについて触れられており、内閣府レベルでオープンサイエンスが推進されている。こうした政府レベルでの動きを受け、二〇一七年には国立情報学研究所にオープンサイエンス基盤研究センター（Research Center for Open Science and Data Platform）が設立され、オープンサイエンスの推進が図られている。

国際的な動向としては、ＯＥＣＤによる報告書が参照されることが多い[2]。特に市民が研究活動に参画することを、市民科学（シティズンサイエンス）[3]とよぶ（小川 2022）。市民参加という点では、近藤義郎に主導された月の輪古墳の発掘に代表されるように、国内外問わず考古学はこれまでもさまざまな取り組みをおこなってきており、パブリックアーケオロジーとして確立してもいる（松田・岡村 2012）。また、考古学だけでなく、天文学などさまざまな分野が、多くの「在野の研究者」によって支えられてきたことも事実であろう。

その一方で、こういった活動を、現在さまざまな分野で進行しているオープンサイエンスと同一視することも危険である。すでに数多くのオープンサイエンスについての概説が存在しているため（小野 2019など）、本章では、まず、オープンサイエンスの要素あるいは総括される動向など一般的な「オープンサイエンス」について簡単に紹介した後、考古学における動向について取り上げる。

2・3　オープンアクセス：成果の公開

従来、出版物を読むためには、読者が費用を支払う必要があった。しかしながら、公金の支援による研究成果にアクセスするために、市民が（通常高額な）費用を支払うことへの疑義が高まっている。市民の税金によって支援された研究成果が市民に還元されるべきというのは妥当な主張だろう。そこで、二〇〇〇年代以降に存在感を増しているのが、「オープンアクセス」

とよばれるモデルである。

オープンアクセスには大きく分けて二つの仕組みがある。一つ目がゴールドオープンアクセスとよばれる形式で、このやり方では、著者自身が論文の掲載料を支払うことにより、読者は無料で論文を読むことができる。こうしたゴールドオープンアクセスを徹底した、先駆的なジャーナルの一つにＰＬＯＳ ＯＮＥがある。ＰＬＯＳはPublic Library of Science の略である。ＰＬＯＳ ＯＮＥ（やそれに続いたFrontiers の一連の雑誌や、Scientific Reports、Royal Society Open Science など）はすべての論文を無料で閲覧することができるが、論文の査読後に著者たちが掲載料を支払わなければならない。われわれも一度ＰＬＯＳ ＯＮＥに論文を掲載したことがあり、このときは二〇万円近くを出版掲載費として支払った。

ほかにも、通常は購読料を支払わなければ論文を読めないジャーナルでも、論文を無料公開できるオプションが用意されているケースもある。ただしその際には、三〇〇〇ドル以上かかることもある（この原稿執筆時点での為替（一ドル一四九円）を反映すると四五万円になる）。このように、掲載料は一般的には高額であり、数十万円を超えることも珍しくない。一〇〇〇万円以上の科研費などをもらっていても、これが高額でないと言い切れる研究者はおそらくいないのではないだろうか。

こうした高額の掲載料はすべての研究者にとって支払い可能ではないため、著者が費用を支

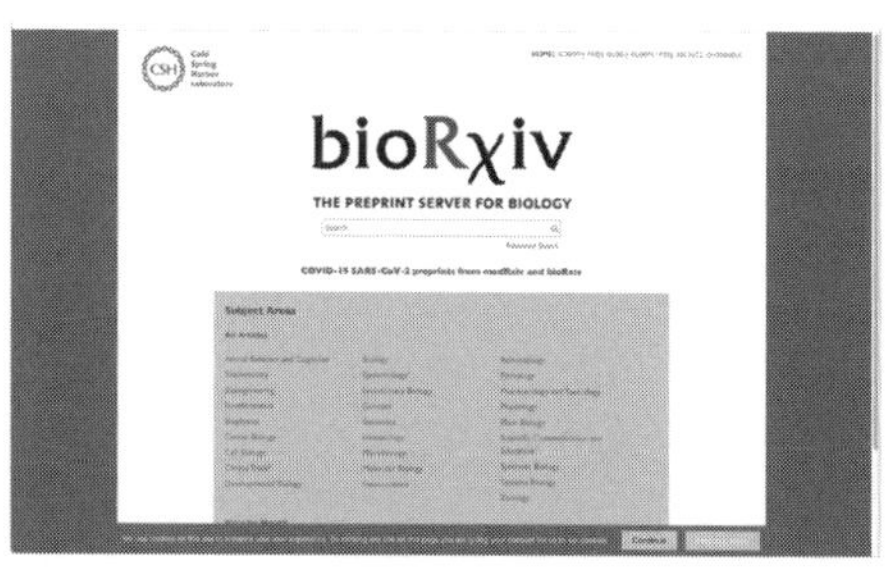

図2・1　arXivとbioRxiv.orgのウェブサイト。

払わないグリーンオープンアクセスという方式もある。グリーンオープンアクセスにも、最終的な校正前の原稿である「プレプリント」を自分のサイトやプレプリント・サーバー上で公開する方法から、掲載後一定期間後に校正済みの原稿を公開するなど、いくつかの方法がある。

　コーネル大学が管理している物理学分野のプレプリント・サーバーであるarXivが嚆矢であり、現在は情報科学分野でも頻繁に用いられている。これに追随するかたちで設立されたコールド・スプリング・ハーバー研究所が管理する生物学分野のbioRxiv.orgや、社会学者フィリップ・コーヘンによって創設された社会科学分野のSocArXivといったプレプリント・サーバーが有名である。また、日本でもresearchmapのような研究者向けウェブサイトでプレプリントを公開できる場合があるし、各大学の図書館などでも機関レポジトリによって所属研究者の成果を公開しているケースが増えてきている。英国王立協会（Royal Society）が発行している雑誌（Biology Letters や Proceedings of the Royal Society B など）では、論文出版から一年経てば、論文のＰＤＦなどがすべてオープンに公開されている。

こうしたオープンアクセスをめぐる議論には、大手出版社により運営される学術誌の購読料が高騰したことへの対応という側面もある。実際、オープンアクセスは一般の市民が論文を読むためというだけでなく、研究者が論文にアクセスしやすくするためという背景も大きくかかわっている。

日本国内の大学予算にいろいろと問題があることはさまざまな媒体で指摘されつつあるが（豊田 2019 など）、その限られた予算をさらに逼迫させているのが、エルゼビア（Elsevier）やワイリー（Wiley）、シュプリンガー（Springer）といった大手出版社との論文購読契約である。毎年どころか年に数回、どこの大学でも「○○という論文の購読契約を取りやめてもよいか」「包括契約（その出版社やジャーナルからの論文はどれでも読めるという契約）はやめて、論文ごとに単価を支払う契約に変更したい」というような話が会議の議題にあがってくる。この手の話は山のようにあり、われわれにとって、そしてどこの図書館にとっても非常に頭の痛い問題である。もしいろいろな論文がオープンアクセスになってくれれば、予算が限られている研究者にとっても、うれしい話ではあるだろう。

さらに、オープンアクセスをめぐる議論は、分野ごとの成果発表のあり方にも影響を与えている。論文を主要な成果発表の媒体とする「理系」分野の研究者から、書籍を中心とする「文系」分野へ疑義が呈されることがある。研究の質保証のあり方や業績出版のスピードなど論点は一つではないが、本書のような書籍による成果発表では、市民の税金によってなされた研究に市民がアクセスするために、さらなる費用が必要ということになる。必ずしも、（そのようなケースがないともいわないが）狭隘に自分野の研究慣行を他分野に押しつけているというわけでもないことに注意が必要である。海外出版社では、書籍のオープンアクセスをめぐる議論もはじまっており、そうした動向が日本の学術出版に大きな影響を与える可能性もある。

2・4　オープンデータ：データの公開

考古学におけるオープンサイエンスを概観した総説である Marwick et al.（2017）では、「データを研究者が所有するという考えは廃れつつあり、研究者のキャリアにおける野心のためではなく、研究者が研究者コミュニティと社会を代表して収集し共有するものとする考えが普及しつつある」と述べている。また、こうした考えが、資金の配分機関や論文誌から制度的に実装されつつある。

生命科学分野においては、米国の国立生物工学情報センター（National Center for Biotechnology Information; ＮＣＢＩ）が、生命科学にかかわるさまざまなデータベースを運営しており、国立衛生研究所（National Institutes of Health; ＮＩＨ）によって援助された研究は、そこでデータを公開することが研究者に義務づけられている。

データ公開はさまざまな場所でおこなわれる。著名な公開場所の一つがOpen Science Framework（OSF: https://osf.io/）である。ウェブ上の対象に付与され、「リンク切れ」を防ぐための「番号」が「ｄｏｉ（Digital Object Identifier; デジタルオブジェクト識別子）」である。論文に付与されている印象が強いかもしれないが、ＯＳＦで公開されたデータにはこのｄｏｉが付与され、公開されたデータそのものが引用の対象になりうる（Nakagawa 2017など）。登録すれば誰でもデータを公開することができ、アクセスももちろん誰でも可能である。

データの公開・共有に主眼をおいたジャーナルも存在する。考古学であれば、Journal of Open Archaeology Dataとよばれるジャーナルが代表例であり、日本のものでも放射性炭素年代測定のデータが公開されている（Kudo et al. 2023）。さらに、昨今は論文を出版する際に各ジャーナルからデータの公開が要求されることも多い。論文の補遺やＯＳＦでの公開を求められるときもあれば、Dryad（https://datadryad.org/）というデータレポジトリサイトでの公開が要求されることもある。

もちろん、簡単に公開できないデータもある。人骨の三次元データなどは、倫理的な問題から、広く公開することは望ましくないかもしれない。営利企業などが関係した研究であれば、当然データそのものが利益に関係するので、公開できない場合も少なくない。こうしたデータごとの性質の問題はありつつも、研究手順の透明性や今後の研究促進という観点から、オープンデータは多くの場合、基本的な方針として認められつつある。

2・5　オープンメソッド：解析手法の公開

公開される傾向にあるのは、データや結果（論文）だけではない。近年は解析手法についても、できる限り公開されるように要求されることが増えてきた。Marwick et al.（2017）でも、ＳＰＳＳ、Ｅｘｃｅｌ、ＰＡＳＴといった有償やＧＵＩベースのソフトウェアを使用するのではなく、ＲやPythonといった無料のスクリプト言語での解析を推奨している。筆者らも、ある論文で当初ArcGISによる解析をおこなっていたが、Ｒで解析をやり直しスクリプトを公開せよという指摘を査読者からもらったことがある（Nakagawa et al. 2021）。第四章でも述べるが、このときは北部九州の耕作可能面積を算出するため、ArcGISを用いて傾斜角を計算し、一定の傾斜角以下の土地だけを耕作可能とみなして面積を算出した。こうした解析手法の公開は、さまざまな論文誌で推進されており、データの公開とあわせて、研究内容の透明化や再解析による再生可能性の観点から、重要視されてきている。

こうした動きの背景には、先述したように近年より目立つようになってしまった研究公正にかかわる諸問題がある。データと手法を公開することで、（一定の知識や技術、設備が必要にはなるだろうが）誰でもその結果を再現できるようにすることで、透明性を担保し、信頼できる知識生産をおこなっていると示すための非常に重要な条件の一つである（Douglas 2004 など）。

2・6　オープンコラボレーション：開かれた協働

成果、データ、解析手法が公開されれば、せまい意味での学術コミュニティ以外からも研究に参画できる可能性が高まる。結果として生じる産業界やさらには市民との協働を総称して、オープンコラボレーションとよぶ。特に、市民による研究活動への参画を、シティズンサイエンス（市民科学）という。シティズンサイエンスの代表例として、天文学分野の「Galaxy Zoo」がよく挙げられる。国内においても、宇宙物理学分野の雷雲ガンマ線プロジェクトや、「みんなで翻刻」がある。近年では特に、ＩＣＴ技術を用いたオンラインでの協働に注目が集まっている。小野（2019）、一方井他（2021）、小堀（2022）などにさまざまな具体例が紹介されている。

シティズンサイエンスのプロジェクトの目的や体制はさまざまであり、狭義の「研究者」[4]が主導しつつ、研究者だけでは（たとえばデータを集めるための人手という点から）不可能な作業を市民が参画することで進めるものもあれば、市民が主体となり地域の社会課題解決を目指しておこなわれるものもある。

考古学でままあるような、研究室の学生に担当させていた基礎データの集成・整理を市民ボランティアが担ってくれている状況を想定してみてほしい。予算・人員ともに削減されている大学の現状からはありがたいことのように思われる。他方、こうした市民ボランティアに、専門家と同じレベルのトレーニングを課すこともまた不可能である。そのため、シティズンサイエンスでは、市民ボランティアの専門技術や、さらには倫理面において、どのように質を保証していくのかが課題として挙げられる[5]。

2・7　考古学のオープンサイエンス化

計算機技術を使った考古学で先駆的な業績を挙げているマーク・レイクは、近年のＩＣＴ技術による変化のうちこれまでと異なるのは「オープン化」が考古学の本流までいたったことであるとして、「Open archaeology」というタイトルの論文を発表している（Lake 2012）。先述のように、考古学におけるオープンサイエンスの要素と現状をまとめた論文もある（Marwick et al. 2017）。この論文では、ここまで述べてきたような三つの要素、オープンアクセス、オープンデータ、オープンメソッドが、米国考古学会（Society for American Archaeologist）の目的にとって有益であり、今後も推進されるべきだと述べている。そのため米国の状況を想定して書かれたものではあるが、日本やその他の地域についても同様に当てはまる内容が多く見受けられる。以下、なぜ有益かに関するMarwick et al.（2017）の説明を紹介しよう。

①米国考古学会が目的とする「考古学研究の促進と考古学知識の普及」に役立つ。データや論文をオープンにすれば、ここまで述べてきたように、資金や著作権の問題を乗り越え、幅広い研究者や一般市民にその方法・知識が伝わることになる。②「考古学の実践を改善し、考古学にかかわる倫理を高める」ことができる。方法の公開は、研究の透明性を上げ、再解析による再生可能性を向上させることで、考古学的知識の信頼性を上げることができる。③「世界中の考古学コミュニティのあらゆるセグメントの紐帯を提供する」ことができる。さまざまなデータや方法、成果が公開されることで、大型の資金がなければ獲得できないようなデータや成果に関して、幅広い研究者や政策立案者などが容易にアクセスでき、コミュニティの包括性が

高められる。

実際のところ、研究活動には競争的側面があり、またその競争的側面は、さまざまな競争的資金や研究者の評価問題とも絡み、徐々に強化されている。本章冒頭でも述べたように、最初に新しいデータを用いて研究した人間が、ある種の評価を受け、注目を浴びることはたしかであり、またこれは妥当な評価でもある。

しかし、研究コミュニティ全体の利益を考えるなら、データや結果を同じ手順で再検証し、また別角度からの再分析なども促進していかなくてはならない。さらに、研究成果を利用しようとしているコミュニティの外側の人間からすれば、誰が最初に何をしたかということよりも、さまざまな知見がよりたしかに、効率よく蓄積されていくことの方が重要である。現状、多くの研究が税金という公金で支えられている以上、研究コミュニティ内部の論理だけに終始しているわけにもいかない。だからこそ、さまざまな分野でオープンサイエンスの試みが促進されているのであり、考古学や人類学も、当然ながら同様の方向性を意識していく必要があるだろう。

狭義の研究者以外の方が研究活動にかかわるという点だけをみれば、日本考古学では昔から一般的であった。高校や中学校の教員、あるいはまったく無関係の職業の方々が、さまざまな遺跡の発掘や保存にかかわってきた。その状況を一番よく表しているのが、現在も続く考古学研究会の発足時に発行されていた「私たちの考古学」という雑誌の存在である。この雑誌は今の「考古学研究」の前身だが、「私たちの考古学」にも初期の「考古学研究」にも、開発にともなって失われかねない遺跡について、中学や高校の先生方が発掘・保存活動を望む記事を多数書かれていた。

考古学を一般の方々とともに研究するという動きは、戦時中の戦争協力とそれへの反省、そして戦後の科学研究の民主化運動と無関係ではない（春成 2003；2006；広重 1960；2002 など）。したがって、現在のオープンサイエンスの流れとは独自に始まったものである。また、Robinson et al.（2018）は、シティズンサイエンスでは科学的成果を重視する点が、教育やアウトリーチの諸活動と異なる点だとしている。こう考えると、日本の考古学における市民参画の試みのなかには、シティズンサイエンスとして位置づけない方が適切なものもあるだろう。もちろん、シティズンサイエンスとして開始したプロジェクトに、教育やアウトリーチとしての効果はあるだろうし、教育やアウトリーチが科学的成果よりも価値が低いわけでもない。

また、オープンコラボレーションと関連する点（研究を職業上の本務としない方々が研究に参画するという点）では、考古学の場合、日本の他の分野ではあまりみられない特徴として、埋蔵文化財行政職の存在を指摘できる。全国各地の行政主体で埋蔵文化財行政専門職にかかわる職員が雇用され、地域の開発にともなう緊急発掘や、それまでに発掘された遺物の整理、報告

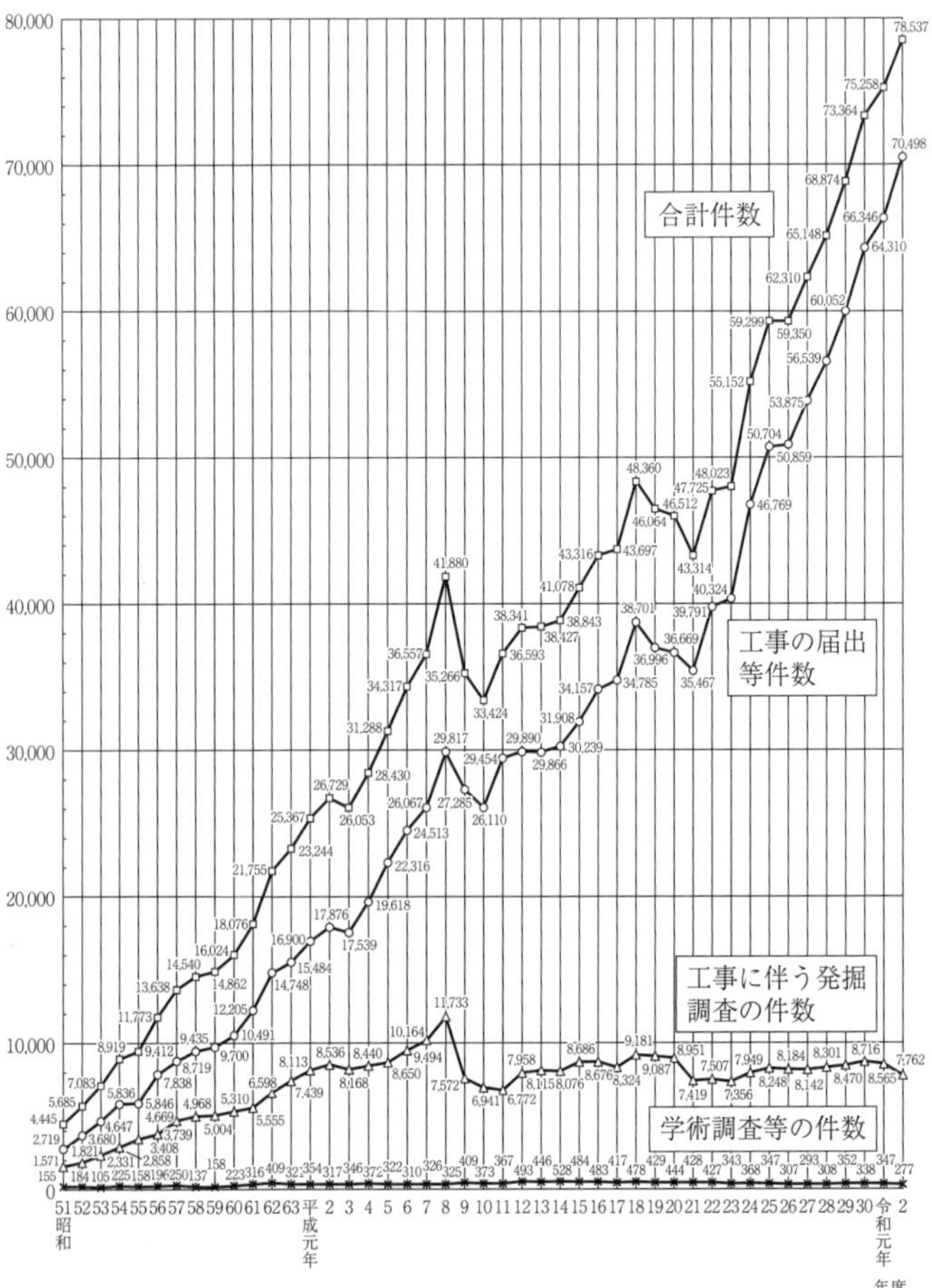

図2・2　工事などの開発件数、開発に伴う緊急発掘件数、大学や研究機関関係者による学術発掘件数の推移。学術発掘件数に比して、行政職員による緊急発掘件数がいかに多いかがよくわかる。こうした緊急発掘によって、重要な遺跡や遺物が多数発掘されてきた。グラフは文化庁（2022）から。

書の作成などにかかわっている（図２・２）。行政職員の数は全国で五四五七名（二〇二一年時点）であり（文化庁 2022）、（日本）考古学や人類学にかかわる研究者数よりもその数は多いと考えてよいだろう。[6] 二〇〇〇年以降は減少傾向にあるが、それでも相当な数の職員が全国で活動している。

こうした埋蔵文化財行政職に携わる方々は、一部にはもちろん研究活動（論文・書籍の執筆や学会発表など）をおこなう方々も少なくないが、基本的には行政の仕事によって生計を立てている。その意味では大学や研究機関に勤務する、狭義の研究者とは異なる位置づけにある。もちろん、これはまったくもって悪いことではなく、これが日本考古学にとっての大きな強みにもなっている。研究などで参照できる利用可能なデータのかなりの部分が、行政の専門家によって集められていることで、日本の考古学研究が大きく前進してきた。

後述する三次元データについても、もし埋蔵文化財行政職の方々が、正確かつ効率よくデータ取得できるようになれば、心強いほかはない。だからこそ第一章でも述べたように、また本章で紹介しているオープンサイエンスが目指しているように、三次元データ取得についてもできる限り資金や設備のハードルを下げ、なおかつ質の良いデータを効率的に取得する手法の開発が、重要になってくるのである。すでにこれまで、研究者と行政職の方々は協力しながら研究を進めているが、こうした協力関係をより一層、効率的なものにしていく必要があるだろう。

2・8　三次元データの共有

本書のテーマである三次元データをどのように共有できるか・すべきかについては、今まさにさまざまな議論がおこなわれている。第一章でも述べたように、三次元データはサイズが非常に大きくなる傾向にある。遺物の凹凸を仔細に表現しようとすれば、データを構成するメッシュを細かくしなければならず、その結果サイズが大きくなってしまう。われわれが使用していたレーザースキャナーでは、計測したデータが七〇〇メガバイトを超えることも少なくなかった。これほど大きなデータをそのままウェブサイトで公開しようとしても、ダウンロードする側も大変だし、また数が増えればサーバーの容量を圧迫していく。三次元データを広く公開することは、それほど容易ではない。

他方、三次元データを公開・共有しようという試みもいくつかある。たとえば縄文オープンソースプロジェクト[7]では、縄文時代の火焔式土器や土偶について、一部の三次元データを公開しており、これらは商用利用も可能である（商用利用の問題については後述する）。ほかにも、飯塚市ではさまざまな歴史資料の三次元データを公開している[8]。このデータについては飯塚市への申請と許可があれば利用可能であり、実際著者たちの研究でも使用させていただいた（Nakao et al. 2023）。

こうした公的な試み以外でもっとも有名な三次元データ共有の試みといえば、Sketchfabだろう。[9] 登録すれば誰でも三次元データを公開・共有できるというウェブサイトである。このサイトも無料のものを含めていくつかのプランがあり、一定の金額を支払えばかなりの容量の三次元データを公開できる。博物館・美術館用のプランもあり、割引を受けることもできる。大英博物館のような「大手」も利用しているし、日本でも大阪歴史博物館などが考古資料の三次元モデルを公開しているほか、群馬県立自然誌博物館は展示空間の三次元モデル公開に利用している。公開したデータの利用についても、データ所有者が許可していれば、適宜ダウンロードが可能である。われわれが計測したデータも一部、Sketchfabにアップロードした。[10]

このように、三次元データの公開・共有は徐々に進みつつある。容量が大きなデータであっても、資金があれば公開することは可能である。が、問題はその資金であり、継続的な資金がなければ、オープンサイエンスという目的のもと、三次元データを公開・共有することも難しい。この点については後で触れる。

2・9 オープンサイエンスと研究（者）の多様性

ここまで、オープンサイエンスの望ましい点に注目して紹介してきた。実際、成果、データ、手法の公開はさまざまな利点を備えており、これらがうまく公開されれば、研究活動がよりよい方向へと変わっていくだろう。しかし、望ましい規範や指針があったとしても、それを現実世界で実装する際にはいろいろな注意が必要である（この点については、第一章も参照してほしい）。

たとえば、研究者がおかれている環境は一律ではない。現状、研究者は研究のためのリソースの獲得において間接的・直接的に競争にさらされている。筆者らは、こうした状況が好ましいと思ってはいないが、構造としてそうなってしまっている。その結果、豊富な資金と優秀な「人材」が、よりよい「成果」と「評判」を備えた研究者のもとに集まることは予想されるし、そうした集中がさらなる集中をよぶ。また、新型コロナウイルス感染症のワクチン開発からもわかるように、いつか重要な価値をもたらすかもしれない研究であっても、現時点で十分な支援が受けられるとは限らない。今「成功」していない研究者たちが、優れた研究者ではないと言い切れるわけでもない（しかも、たとえ優れた研究者や研究機関であっても、この可能性を常に見抜けるわけではない）。さらに、国家の財政状況などを考えれば、G7、G20などに含まれる国々とそれ以外の国々では、研究開発に配分される資金にも大きな差がある。

このように、研究室間でリソースの配分に偏りがあったとき、ここまで述べてきたオープンサイエンスの動向は、どのような帰結をもたらすだろうか。「恵まれた」研究室であれば、取得したデータや開発した研究手法を公開しても、次にまた新しいデータ・手法が容易に手に入り、今後も業界をリードし続けられるだろう。一方で、「恵まれない」研究室は、自身が集めた数少ない結果・データも公開を迫られ、「恵まれた」研究室がおこなう大規模な解析のためのデータの一部として消費されるかもしれない。悪く言ってしまえば、「恵まれない」研究室はいつまで経っても後追いの状態が続き、序列は固定されやすくなる。公開されているデータの解析により、「恵まれない」研究室が重要な発見をする可能性もあるが、さまざまな分野の研究者の共同作業が必要になってくる現代では、確率的に「恵まれた」研究室が「勝ち」続ける可能性のほうが高い。

これは研究室というスケールだけでなく、国のあいだでも生じうる。データや手法の公開にかかわるコストと利点は、その研究室がおかれている環境によって異なってしまうのである。こうした事態は、オープンサイエンスが目標としていた包括性という目標とは、逆行する結果につながってしまいかねない[11](Leonelli 2023)。

ほかにも、研究分野の多様性を考慮しておく必要がある。厳密なコントロール条件を用意できる物理学で要求される透明性・再現性の基準を、多様かつ不確かな要因を考慮してコントロール条件を設定しなければならない生物学や心理学に要求できるだろうか。実験で得られたデータとフィールドで得られるデータも、透明性・再現性という点では当然同じものではない。

考古学でも同様である。対象とする時代が同じであっても、地域が異なればデータの質・量は異なりうる。第四章で触れる古人骨の偏り方は極端だが、土器や石器も例外ではない。

こうした研究（者）の多様性を踏まえると、オープンサイエンスの推進もまた、現実には多様なあり方を目指さねばならないはずである。実際、考古・人類学遺物の三次元データに関するオープンサイエンスもまた、このデータがもつ性質、また関連する分野、研究者、そしてさまざまな関係者の状況を踏まえ、推進されなくてはならない。どのようなデータをどこまで、どのようにオープンにすべきなのかについては、慎重な検討が必要になってくる。次節では、三次元データをどのように公開していくかについて、われわれの事例を紹介しつつ、三次元データをオープンにしていく際に特有の問題についても検討していくことにしよう。

2・10　エターナル・ナカオ・ブリザード

本書の大元になっている新学術領域研究「出ユーラシアの統合的人類史学」では、三次元データの公開のために、発案者の中尾央に由来する「エターナル・ナカオ・ブリザード」という試みに取り組んでいる（名称はＣ01班メンバーの投票によって決定）[12]。データベース「OROCHI」は、その一つの具体的な実現であり、現在は、所蔵館にＣＣ‐ＢＹ‐ＮＣで公開することで同

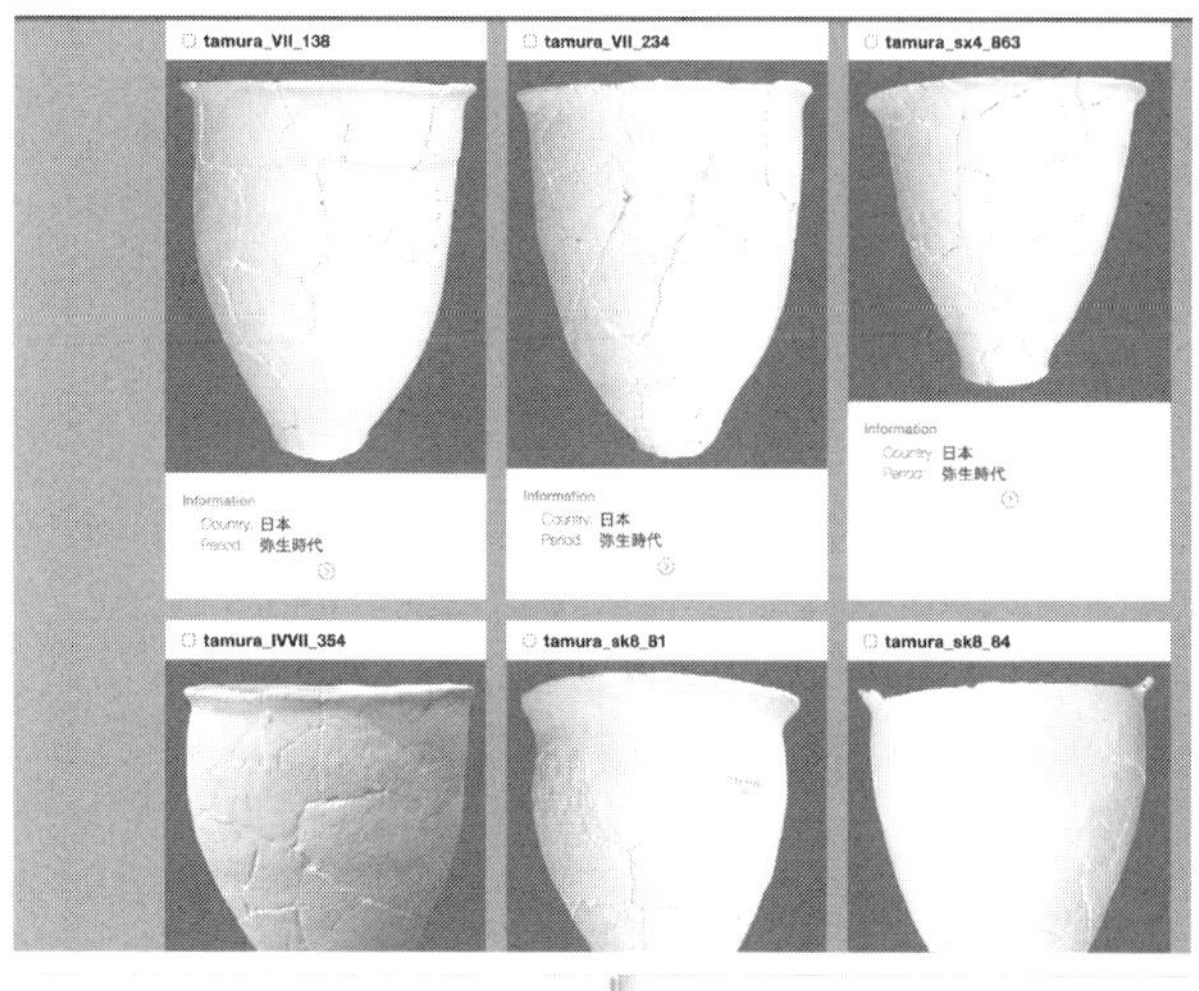

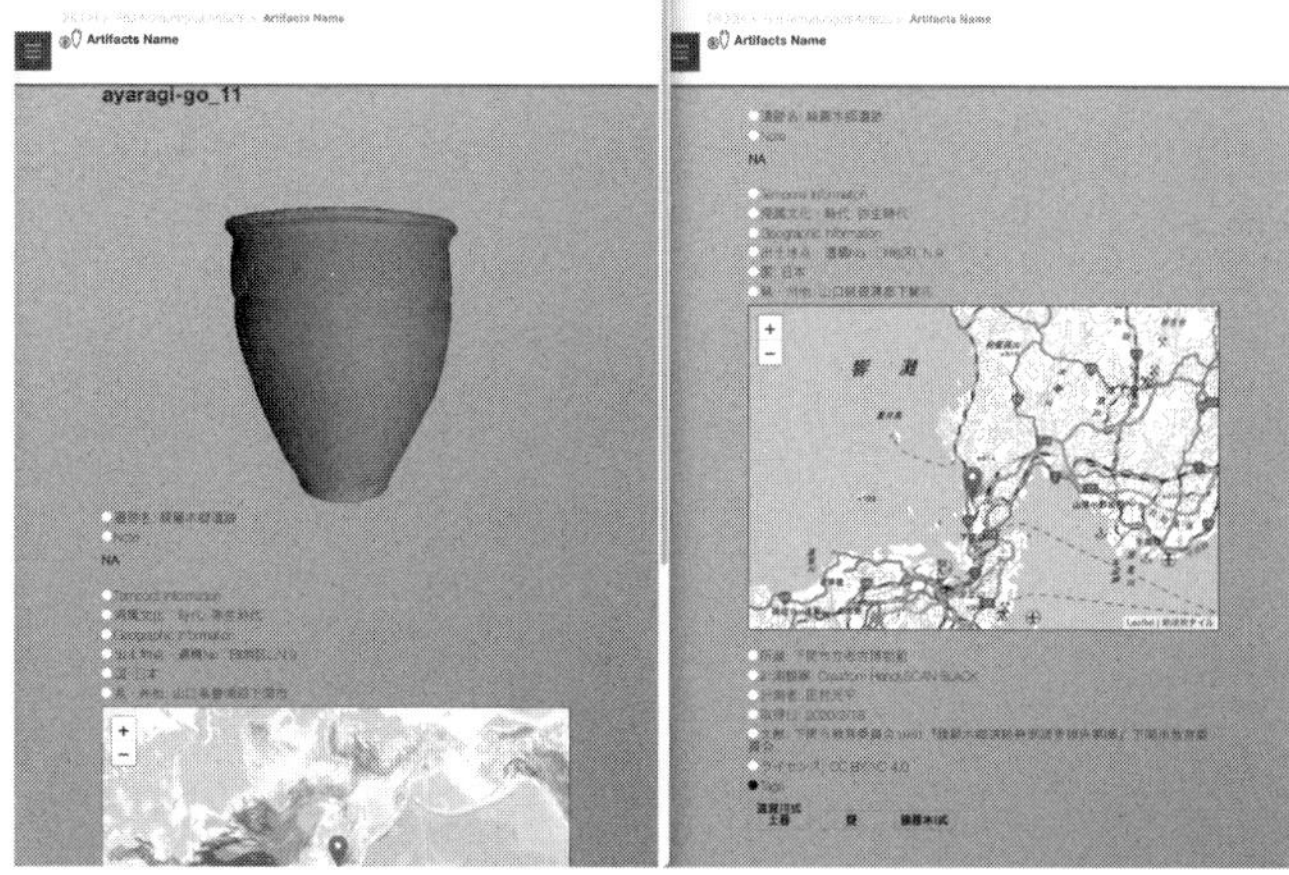

図２・３　OROCHIの様子。現在は遠賀川式土器の三次元データが公開されている。各土器のページではブラウザ上で土器を回転させることもできる。

意いただいた遠賀川式土器の三次元モデル約二〇〇点を公開している（図2・3）。当初は「出ユーラシアの統合的人類史学」プロジェクトにおける共同研究の活性化のため、各班からデータが提供される計画だったが、結局のところデータを提出したのはC01班（中尾班）だけにとどまった。

考古遺物の三次元データを公開するにあたっては、まず三次元データの著作権の問題がある。一部の埋蔵文化財行政主体（たとえば高知県立埋蔵文化財センター、下関市立考古博物館、出雲弥生の森博物館、福岡市埋蔵文化財センター、愛知県埋蔵文化財センターなど）では、三次元データの著作権そのものがデータ取得者にあると判断していたので、そちらについては特に手続きなしでデータを公開している。田村遺跡、綾羅木郷遺跡、矢野遺跡、板付、雀居遺跡、また月縄手遺跡の土器が相当する。他の埋蔵文化財行政主体では、商用使用の禁止明記と一定の手続きを経て、データを公開している（豊橋市文化財センター、南山大学人類学博物館など）。

三次元データの著作権を誰に認めるべきかは、まだ議論が継続している（数藤 2019；仲林 2022）。「著作物」に相当するものの定義が「思想又は感情を創作的に表現したものであって、文芸、学術、美術又は音楽の範囲に属するもの」（著作権法二条一項）であれば、三次元計測そのものに「思想又は感情を創作的に表現」する目的がなく、そして、三次元データによる考古・人類学遺物の記録は「文芸、学術、美術又は音楽の範囲に属」しないと判断すれば、三次元データを「著作物」とみなすことは難しいだろう。実際、上記の条件だけをみれば、三次元データに著作権を認めることはできないように思われる。

ただし数藤（2019）が立体物の写真について判例を示しているように、三次元計測も「被写体の組合せ・配置、構図・カメラアングル、光線・陰影、背景等にそれなりの独自性」が現れているのだとすれば、「著作物性を肯定し得る限界事例に近いもの」といえそうである。この点については第一章で紹介したような「工夫」も関係するだろう（1・2節参照）。三次元計測手法の工夫について論文等に鑑みれば（Kaneda et al. 2022）、三次元データに「それなりの独自性」が現れているのは否定できないかもしれない。

商用禁止という点も検討が必要だろう。土器や石器などの人工遺物の場合、当然ながら製作者自身はすでに亡くなって久しい。製作者に著作権が認められたとしても、現状の法であれば著作権はとうの昔に失われている。発掘主体がこれらの遺物を発掘し、保存・管理してその活用を図る主体であるとするならば[13]、三次元データを許可なく商用利用したとしても場合によっては問題にならない可能性もある。

もちろん考古遺物がある種の文化財である以上、その所有者が不明な場合は、文化財が発見された土地を管轄する都道府県に所有権があると考えられる[14]。所有権という観点からすれば、写真撮影などと同様、三次元計測を認めるか否か、そしてその計測結果をどのように利用するかについては、所有者である行政主体に決定権があるといえるかもしれない。実際、われわれが計測している遺物の多くは非公開であり、計測の際に許可を得ている。

いずれにせよ、これは法的問題であるため非専門家である考古学・人類学者だけで判断できないし、個人的経験で判断すべき問題でもない。現状では、これらの基本的な論点を踏まえながら、各主体との協議によって判断していくしかない。最終的には関連主体全体で、合意を形成する必要があるだろう。同時に、所蔵機関が実資料の保全をおこなっているため、そこになんらかの還元がなされる仕組みを構築していく必要もある。

三次元データをめぐるもう一つの問題は、先にも触れたデータの容量である。今われわれが使用しているレーザースキャナーやSfM/MVSによって得られた三次元データは、一〇〇～数百メガバイトのファイルサイズになってしまう（第一章参照）。たしかに容量が増えれば増えるほど、土器表面の細かな凹凸などは表現可能であり、そうした細かさまでを三次元データに期待する人からすれば、数百メガバイトの容量も許容できるだろう。しかし、あまりに容量が大きいと、使用するパソコンのスペック次第ではデータを開くことさえ難しくなる。

さらなる問題は、それほど大容量のデータをどこで保管・管理し、公開していくのかという点である。現状OROCHIでは容量を少し小さくして公開している。たとえ一点数メガバイト程度にサイズを落としたとしても、これが数百、数千の数になってしまえば、当然サーバー側の容量も大きくせざるをえないし、これまでに出土してきた考古遺物をすべて（あるいはその一部だとしても）三次元データで公開するとなれば、どこにそんなサーバーを用意できるのかという問題が生じる。実際、OROCHIも現在は科研費などで公開費用をまかなってはいるものの、科研費の充当は永続的には続かず、管理する側の入れ替わりなども当然見据えておかねばならない。本来であればサーバー管理専門の人材が必要になるはずである。

理想的には、どこかの研究機関などでサーバーと管理者を用意し、そこで一括して公開しておくというのが望ましいのはいうまでもない（さらに理想をいえば、定期的な保守管理を想定して、複数のサーバーがある状況の方が望ましい）。そして、三次元データの利用に際し、実資料の利用に準ずる事務手続きが要請されるのであれば、それはシステム上でできることが望ましい。しかし、設備費どころか人件費もままならない現在の日本の研究機関を取り巻く財政状況を考えると実現可能性は低いといわざるをえない。

このように、三次元データの公開については、いろいろと問題が山積みの状態である。特に厳しいのは最後に触れたデータの保管・管理の問題だろう。正直なところ、現状では解決策は見当たらない。どこかの誰かがボランティアで管理するというのでは、今後の維持を考えるとまったく望ましくない。考古学や人類学がオープンサイエンスを目標とし、三次元データの公開・管理がそれに大きく貢献するというのであれば、各関係主体独自の試みを超えた調整が必要になってくる。

2・11　将来に向けて

さまざまな論文やデータ、解析用のスクリプトが公開されることは、原理的には研究活動に正の影響を与える。研究者間での競争は、データや手法の囲い込みではなく、それらがどう利用されていくかに焦点を合わせるべきであろう。実際、重要なデータや手法が公開されれば、より多くの研究者がそれを参照・引用するはずである。もちろん、オープンサイエンスが先述したような研究者間格差の拡大につながってしまうのは、避けなければならない。実際にどのような取り組みがなされるべきかは、文脈やケースごとに詳細な検討が必要である。

本章では、再現可能性を増すための各種の取り組みを紹介してきた。しかしながら、これをそのまま考古学に輸入することは、実情に合わない。筆者のうちのひとり（田村）の個人的な意見ではあるが、考古学コミュニティの知識生産は、心理学のような実験を中心とした学問分野よりも、機械学習のような同じベンチマークデータを使って手法（モデル）の性能を競う分野に、どちらかといえば近いように思われる。また、研究の目指すところが「世界観」によって大きく変わりうる以上（安斎 2004；溝口 2022）、考古学コミュニティ内でも望ましい制度についての考えに多様性が存在する。ただし、この点は本章で述べてきた動向から自由でいられるということを意味しない。むしろ、個々人が望ましい知識生産のシステムについて考え、実践する必要が生じ、それを時代・地域・対象といったコミュニティの各階層でどう調整していくのかという課題に向き合わなければならなくなるのではないか。

田村（2020）は、数理的手法を使う利点を「蓄積性」としている（pp. 2-3）。数理的手法を使ってデータ解析をおこなう場合、資料が電子化されている必要があるため、「数理的手法の使用を前提とした知識生産のエコシステムをつくることの利点は学問の蓄積性を高めること」という表現の方が適切かもしれない。特に人口減少や財政の悪化により、専門家の減少や専門家を支える知識の生産・流通・継承のためのインフラの崩壊が今後加速していくことを考えると、暗黙知・経験知を明示化することには、一定の意義があるだろう。もちろん、今後どのような判断をしていくのかは、人類学・考古学コミュニティの構成員が判断することである。学術的のみならず社会的な影響も大きいと考えられるため、科学史や科学技術社会論のテーマとしても興味深い。

さらに、公開に関するさまざまなコストを誰が負担するのかという問題も残されている。オープンサイエンスは、民主主義の理念と強く結びついているとされる。そのため、デジタルデータのみならず、実資料の管理や公開、活用といった議論に発展していく可能性もある。こうした動向を単に「技術」の問題として矮小化して捉えるか、それとも背景にある思想や社会変化も含めて捉えるかでは、対応に大きな違いが出てしまう。

考古・人類学遺物三次元データの公開は、上記のような問題がいろいろと具現化されている。仮に最適ではなかったとしても、短期的な動向に沿うことと、長期的に望ましい方向に進めるためのアプローチをとることは両立しうるはずである。可能な範囲で公開・共有の試行を続け、その一方で基礎的な問題を検討していくことが求められるだろう。

注

(1) 考古学のような、結果が理論や仮定に大きく依存するような学問においては、巨人の瓦解と再構成こそが(長期的にみれば)常態である、という主張もできるかもしれない。その場合にも、望ましい知識生産のプロセスについての議論は可能であるし、再解析による再生可能性が低い状態——分析が属人的で研究資源が開かれていない——が望ましいとされる可能性は低いように思われる。

(2) https://www.oecd.org/sti/inno/open-science.htm

(3) オープンサイエンスとシティズンサイエンスを区別する立場もある。

(4) ここではひとまず、おおまかには官公庁の基準に沿って、大学や研究機関などに所属し、研究を本務とする人間を研究者とよんでおく。こう定義してしまうと「在野の研究者」は存在しづらくなってしまうが(在野であるということが大学や研究機関に所属しないということを意味するため)、あくまでも職業としての「研究者」だとご理解いただきたい。後述することでもあるが、埋蔵文化財行政関係者も含め、研究で生計を立てていない方々が研究にかかわること自体は、今後の研究活動全体にとって非常に望ましいことである。ここでは研究者という職種を特権視する意図があるわけではない点には注意してほしい。

(5) https://www.scj.go.jp/ja/info/kohyo/pdf/kohyo-24-gs2019-4j.pdf

(6) 具体的な数は計算していないが、日本の大学数が八〇〇弱であるとして、各大学に七名以上の関係教員が在籍していれば、行政職員の数を超えられる。もちろん、一部の大学には大学の埋蔵文化財関連研究センター所属教員も含めると一〇名近くの関連研究者が在籍している場合も考えられなくはないが、それはごく限られた大学・研究機関のみである。

(7) https://jo.non-supporters.jp/open-source/。ただし残念ながら、昨今特に三次元データについては、あまり更新されていない。

(8) https://adeac.jp/iizuka-city/top/

(9) https://sketchfab.com/

(10) https://sketchfab.com/3d-models/sasai-406-111-897-d30f444e52da45699adb7d59b75c50c5。三次元モデルは福岡県福岡市雀居遺跡出土土器(福岡市埋蔵文化財センター所蔵)。念のためダウンロードは不可能な設定にしている。

(11) 第一章で紹介したSfM/MVSの試みは、こうした包括性を第一に念頭においたものである。

(12) 反対票は一票だったが、少数の声を聞くことこそが、オープンサイエンスが依って立つはずの民主主義の基本であることを決して忘れてはならない。

(13) 「文化財の所有者その他の関係者は、文化財がただ、これもまた文化財保護法で明記されていると貴重な国民的財産であることを自覚し、これを公共のために大切に保存するとともに、できるだけこれを公開する等その文化的活用に努めなければならない」(文化財保護法四条)。

(14) 「第百条第二項に規定する文化財又は第百二条第二項に規定する文化財(前条第一項に規定するも

のを除く。）で、その所有者が判明しないものの所有権は、当該文化財の発見された土地を管轄する都道府県に帰属する。この場合においては、当該都道府県の教育委員会は、当該文化財の発見者及びその発見された土地の所有者にその旨を通知し、かつ、その価格に相当する額の報償金を支給する」（文化財保護法一〇五条）。

第三章　三次元データによる研究：方法

野下浩司・田村光平・中尾 央

フォトグラメトリ用の機材（通称カメラの木）を前に悪巧みする野下と金田

3・1　なぜデータの取得だけで終わるとダメなのか

本章執筆者の一人である野下は、「出ユーラシアの統合的人類史学」のプロジェクトの間、変わらず一つのメッセージを発し続けてきた。それは、考古学者が自分でも何をやりたいのかわかっていない、ということである。考古学者がなんの目的ももっていないわけではないだろう。より正確にいうのなら、三次元データ取得前の段階で立てる問いの解像度が、野下の要求する水準に達していないということになる。

そこには、分野――考古学と生物学――間の慣習の差も大きくある。両者を比較すると、考古学では資料やデータをみながら仮説を構築していく傾向が強いようにも思われる。研究費の申請書にしても、生物学（特に生命科学）では予備実験のデータが（陰に陽に）要求され、計画の実行可能性が判断されることが少なくないが、考古学ではそれが稀である。もちろんこれらは傾向であり、個別の例外は存在する。

とはいえ、分野の違いだけでかたづけてはならない面もある。「とりあえずとってみた」三次元データが、死蔵されることになりかねないからである。三次元データの取得にも一定のコストがかかる。オープンデータの文脈からは、こうしたデータを公開しておくことにも意義はある。しかし、三次元データにどのような情報を含めるか、どの程度のクオリティで計測するかといった点で、計測の目的が重要になってくる。

一例を挙げよう。「出ユーラシアの統合的人類史学」プロジェクトでは、遠賀川式土器や先史時代日本列島の人骨の形態分析をおこなった。そのための三次元計測だが、色情報を取得していないデータが数多くある。分析の目的が形態変異の定量化であるため、対象の色は分析しないためである。また、頭蓋骨の内部のような情報も、レーザーを当てることができなかったり、写真を撮ることができなかったりしたため、取得していない。内部形態の計測には別途CTなどが必要になるが、今回は分析対象ではないため、これらのデータも取得していない。そうした理由で、「出ユーラシアの統合的人類史学」プロジェクトのデータは、現在の技術で可能なデータのクオリティの上限と比較すると、低いところにあるといえる。

しかしながら、それでも可能な分析や、学術目的以外での活用は数多くある。また、高クオリティのデータはそれ相応の容量や計算機の性能を要求するため、活用や維持管理にかかるコストが高くなる（第二章参照）。コスト・ベネフィットの議論をするためにも、最低限の目的を構想する必要はある。

加えて、三次元データの取得を通して色や質感を排して観察し、断面や対称性の計測・計算などこれまで難しかったことが容易になるケースも多々ある。しかしこうした分析自体は、実資料に対しておこなってきた分析の延長線上にあるか、少なくとも大きく逸れてはいないともいえる。資料をデジタル化、特に三次元データ化したからこそできる解析はあるだろうか。本章では、そのための一つの方法として、球面調和関数（Spherical Harmonics）を使った分析について紹介する。

3・2　幾何学的形態測定学の基礎

広義には、「かたち」とは視覚・触覚を介して認識される対象の性質であり、多様で階層的な要素からなる。そのなかでも比較的解析しやすい性質については理論や解析手法の整備が進んでいる。たとえば、幾何学的形態測定学（geometric morphometrics）では、形態（form）や形状（shape）とよばれる、幾何学的な操作に対して不変な「かたち」の性質（幾何学的不変量）を、過不足なく定量化する方法論が考案されている。

形態は、位置や向きに依存しない対象の性質を指し、平行移動と回転により変化しない幾何学的不変量として定義される。形態には、サイズとよばれる拡大縮小により変化する情報も含まれている。一方、形状は、平行移動と回転に加え、拡大縮小に対しても不変な性質として定義され、「かたち」に関連した研究でも解析対象となることが多い（図3・1）。

幾何学的形態測定学では大きく二つのアプローチで形態や形状を定量化する。一つは標識点

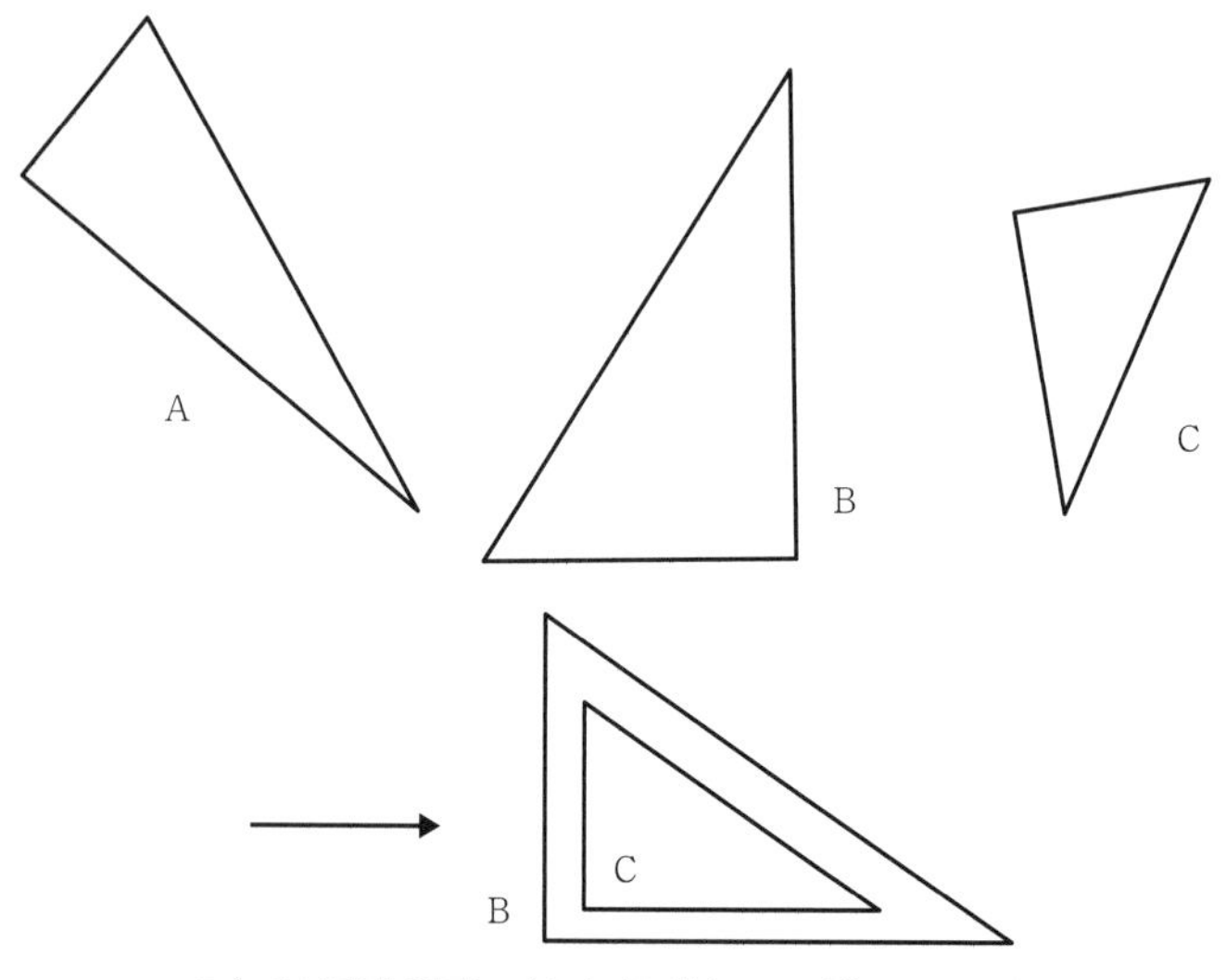

BとCは形状が同じ（サイズが違うので形態は異なる）

図3・1　三つの三角形のうちBとCは適切な平行移動、回転、拡大縮小をおこなうことで重ね合わせることができるため、同じ形状をもつことがわかる。

(landmark) に基づく方法、もう一つは輪郭 (outline) に基づく方法である。

標識点に基づくアプローチでは、比較したい標本間で対応する特徴的な点（標識点 landmark）の集合により対象の「かたち」をモデル化する。たとえば、頭骨の「かたち」をその表面上に設定した複数の標識点の座標値を並べてモデル化する。この標識点座標を並べたものは配置 (configuration) とよばれる。配置には、位置や向き、サイズの情報が含まれている。形状のみを評価したいときはこれらを取り除く必要がある。この標識点

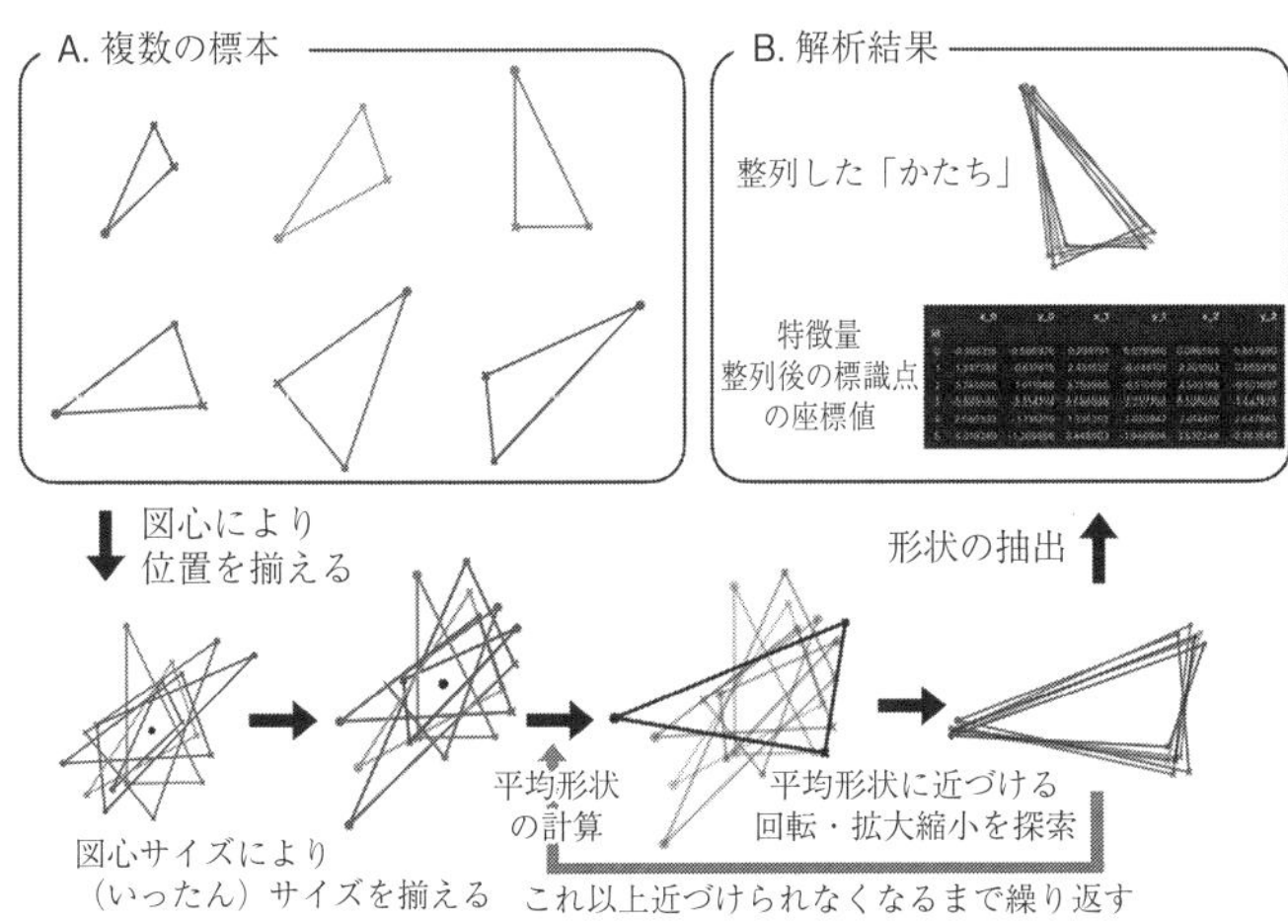

図3・2　一般化プロクラステス解析。回転、拡大縮小をおこなうことで重ね合わせることができるため、同じ形状をもつことがわかる。

に基づくアプローチでは、プロクラステス解析（Procrustes analysis）とよばれる位置、向き、サイズの除去操作により、形状だけの情報を取り出す。

　複数の標本から形状を抽出する一般化プロクラステス解析を例に、流れをみていこう（図3・2）。まずは位置情報を取り除く。図心（centroid: 標本の標識点の平均位置）を原点にあわせることで位置をそろえる。次に、それぞれの標識点について標本間の平均的な位置を計算し、これを標識点としてもつ平均形状（mean shape）を定義する。すべての標本について、この平均形状に対してもっとも近づける（標本と平均形状の対応する標識点間の距離の二乗和平方根を最小にする）回転と拡大縮小を見つける。この差を最小にする回転と拡大縮小を各標本に適用すれば、サイズと向きをもっとも平均形状にそろえられる。この操作を繰り返し、最大限サイズと向き（と位置）をそろえることで形状だけの情報だけが取り出せる。この整列後の座標値や接空間へ射影されたものなどが特徴量となる。

輪郭に基づくアプローチでは、対象の輪郭に注目し、閉曲線や閉曲面としてモデル化する。輪郭とは、解析したい対象とそれ以外を分ける境界線あるいは境界面のことである。たとえば二次元的な構造の輪郭は一次元の閉曲線となる。

もっとも有名な方法は楕円フーリエ解析（Kurl & Giardina 1982）であろう。楕円フーリエ解析では、対象の輪郭が閉曲線であることから、その x 座標、y 座標をそれぞれ弧長パラメータに対する周期関数として近似する（図３・３A）。それぞれの関数をフーリエ級数に展開し、異なる周期をもつ sin 関数、cos 関数の重ね合わせで表現する。

この各 sin 関数、cos 関数の重みをフーリエ係数とよび、フーリエ係数を並べたものが輪郭形状の特徴量となる。高周波成分までを考慮すれば複雑な形状も記述できる（図３・３B）。

楕円フーリエ解析では、通常は曲線上の位置を表すパラメータとして弧長パラメータを採用する。この位置パラメータが比較する対象間の対応関係（相同性）を与えている点には注意が必要だろう。標識点に基づくアプローチでは標識点により明示的に一点一点の相同性が（多く

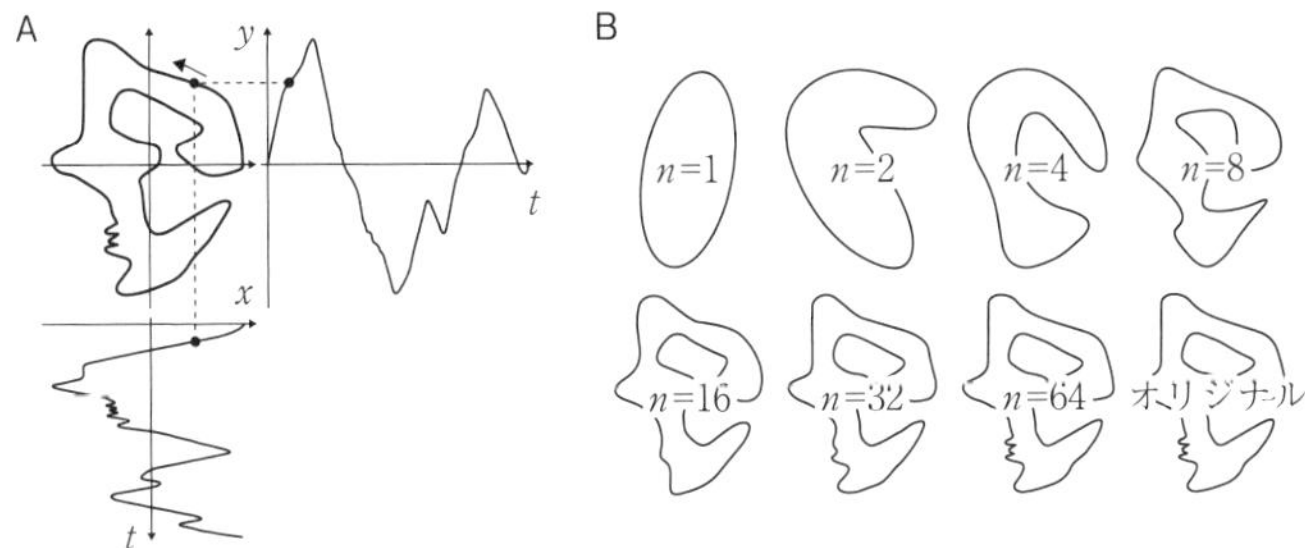

図3・3　楕円フーリエ解析。A. 輪郭上を一定の速度で動く点の時刻 t における x 座標、y 座標、を考えれば周期関数になる。B. 高周波成分までを考慮することで細かい輪郭形状の変化まで表現できる。図は Noshita (2021) を元に改変 (CC-BY 4.0)。

の場合は解析者の判断により）与えられているが、輪郭に基づくアプローチでは対象間での輪郭上の点同士の対応関係は位置パラメータで担保される。もしある標本でのみ特定部位のサイズが相対的に大きい場合、標本間で比べている部位が異なっている可能性がある。後述する三次元輪郭の場合は、この問題はより深刻かつ明確になり、輪郭上にどのような位置パラメータを配置するか（パラメタライゼーション）も一つの研究対象となっている。

幾何学的形態測定学の諸手法を使って形態を定量化した後、多くのケースでは、主成分分析などの次元縮約をおこなって個体間の形態を要約し、類似度を可視化することになる。主成分分析によって各主成分が代表する形態の特徴は、分散を最大化するという基準のもとでおこなわれる関係上、上位の主成分が代表するのは大きな形態変異を示す部位であることが多い。

したがって、仮に、過去の人々が微細な形態の調整に非常な注意を払っていたとしても、それが上位の主成分に反映される可能性は低い。そうした重要な特徴がすでにわかっていたり、理論的な背景があったりするのなら、質的にしろ、量的にしろ、別の手法を使うか、注目する部位のみを切り出してデータセットを作るほうがよい。こうした解析は、ドメイン知識を（少なくとも相対的には）使わず、変異の大きな特徴を見つけてくるものだといえる。そして、先述したように、こうして見つけた特徴が必ずしも考古学的に意義のあるものだとは限らない。

3・3　三次元データの解析

三次元データにおいては、幾何学的形態測定学的な解析により、過不足のない形態や形状の情報を定量的に表現可能になる。標識点に基づく方法では、二次元の形態データの解析にもよく用いられている一般化プロクラス解析が，ほぼそのまま利用できるので説明を省く（Dryden and Mardia（2016）や Zelditch et al.（2012）を参照）。ここでは、三次元の輪郭形状を解析するための方法として球面調和関数解析を紹介しよう。また、球面調和関数解析の実装の一つである SPHARM-PDM（Gerig et al. 2001; Styner et al. 2006）による解析を Slicer SALT（Vicory et al. 2018）でおこなう流れは補遺2にて説明する。

球面調和関数解析は、楕円フーリエ解析の三次元バージョンだと思ってもらっていい。三次元構造の輪郭は二次元閉曲面となる。そのため輪郭上の一点は球面座標系(θ, ϕ)で指定できる（図3・4A）。この球面上での調和関数を球面調和関数$Y_l^m(\theta, \phi)$といい、楕円フーリエ解析でのsin関数、cos関数の代わりに用いて、その重ね合わせにより近似する。

$$x(\theta, \phi) = \sum_{l=0}^{n} \sum_{m=-l}^{l} c_{x,l}^{m} Y_l^m(\theta, \phi),$$

$$y(\theta, \phi) = \sum_{l=0}^{n} \sum_{m=-l}^{l} c_{y,l}^{m} Y_l^m(\theta, \phi),$$

$$z(\theta, \phi) = \sum_{l=0}^{n} \sum_{m=-l}^{l} c_{z,l}^{m} Y_l^m(\theta, \phi),$$

上記数式の内容を簡単に説明しておこう。輪郭のx、y、zの各座標値が右辺のように表現される。ℓ次m次の球面調和関数$Y_l^m(\theta, \phi)$とその重みを表す係数（球面調和係数）$C_{x,l}^m$、$C_{y,l}^m$、$C_{z,l}^m$をかけて足し合わせるとさまざまな輪郭形状を再現できる。nは近似に用いる最大の次数であり、高いnを採用すればより細かい形状の変化を捉えることができる（図3・4B）。楕円フーリエ解析の説明を思い出してほしい。楕円フーリエ解析でも、二次元の輪郭を周期関数とみなし、その関数をn次のsin関数、cos関数にフーリエ級数展開で近似した。この展開後のn次の係数を、対象となる二次元輪郭の定量的表現とみなしたのである。球面調和関数を用いた解析でも同様に、係数$C_{x,l}^m$、$C_{y,l}^m$、$C_{z,l}^m$と

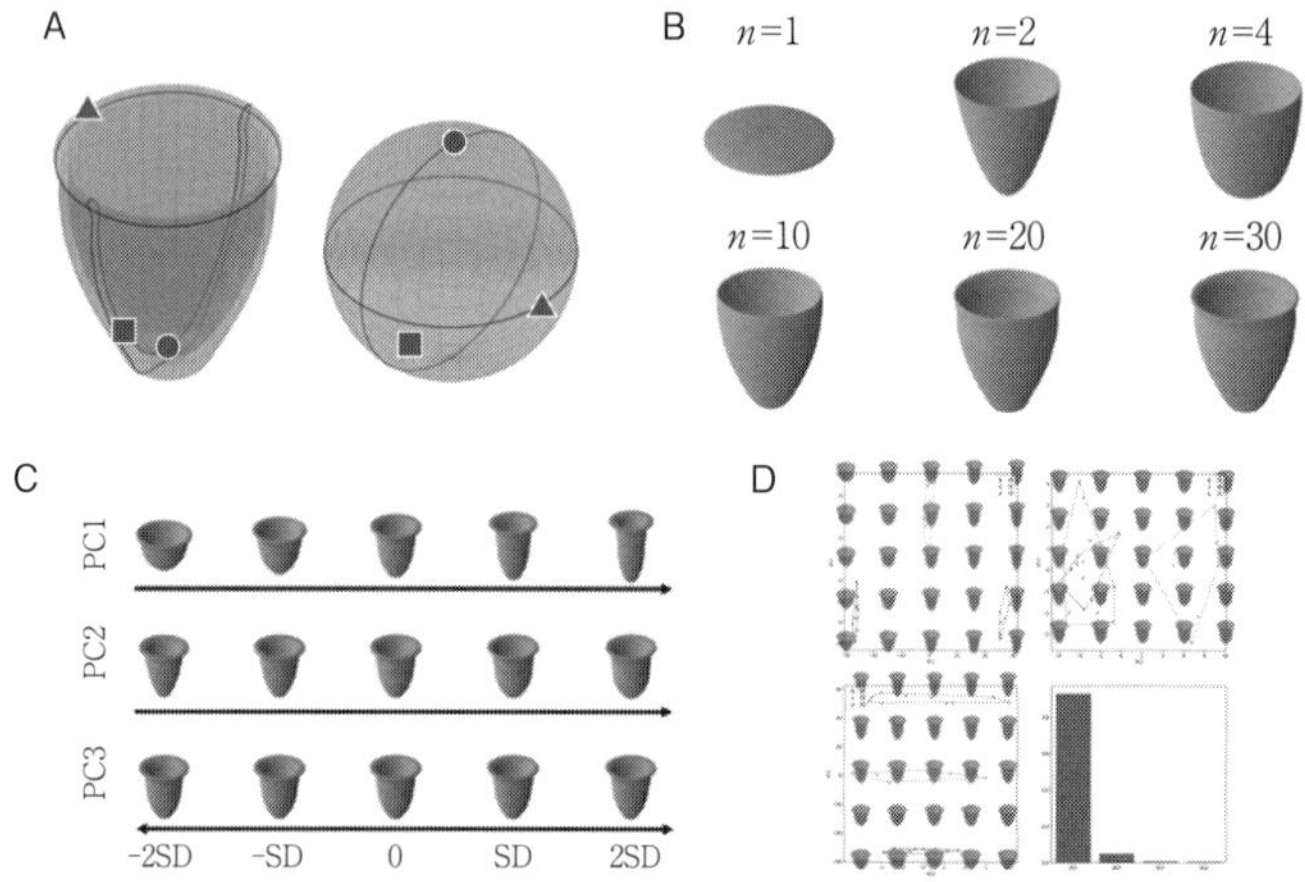

図３・４　球面調和関数解析。A. 輪郭上の１点は球面座標系での１点と対応づけることができる。土器の表面（左）上の点（●、▲、■）は球面（右）上の点（●、▲、■）に、対応する。B. 高周波成分までを考慮することで細かい輪郭形状の変化まで表現できる。C. 主成分軸に沿った形状の変化。D. 主成分分析による実測形態空間。

いうx、y、z座標に関する三種類の係数を、三次元輪郭形状の特徴量とみなして解析をおこなう（Brechbühler et al. 1995; Kelemen et al. 1999）。たとえば、この係数を特徴量として主成分分析をおこなうことで、各主成分軸に沿った形状の変化（図３・４C）や実測形態空間の可視化や解析（図３・４D）が可能になる。

さて、この係数を実際の三次元データ（ポリゴンやボクセル）からどうやって推定すればよいだろうか。もし三次元輪郭上のx、y、z座標値とその輪郭上の位置パラメータθ、ϕのペアを多数取得できれば最小二乗法により球面調和係数を推定することができる。しかし、通常は実際の三次元データにはこの座標値と位置パラメータの対応関係は含まれていない。ここで、輪郭上の位置パラメータをどのように定めるべきかという問題が生じる。楕円フーリエ解析の場合は、輪郭は一次元閉曲線のためにそのまま円へマッピングしても歪みが生じない。そのため弧長パラメータにより位置パラメータを定めることができた（図3・3A）。しかし、三次元輪郭形状の場合、球面上へのマッピングは通常歪みを伴うため、こうした歪みを考慮した位置パラメータの設定（パラメタライゼーション）方法が必要となる（図3・4A）。そのため、球面調和関数解析ではおおむね、パラメタライゼーションをおこなった後、球面調和係数の推定をおこなう。またパラメタライゼーションの計算コストは高く、球面調和関数解析の処理時間の大部分を占めることになるだろう。

球面調和関数解析の実装の一つとしてSPHARM-PDM（Gerig et al. 2001；Styner et al. 2006）がある。SPHARM-PDMでは、ボクセルに基づきパラメタライゼーションをおこなう。まず、対象の輪郭に相当する最外のボクセルの表面上、「もっとも離れた」二つの頂点で$\theta=0, \pi$とする固定境界条件のもと、ラプラス方程式を解くことで初期パラメタライゼーションをおこなう。物理的にはラプラス方程式は熱伝導方程式の定常状態と解釈できるので、対象のもっとも離れた両端にある温度を設定した場合にそのあいだの温度勾配を位置パラメータとするイメージである。ϕについてもほぼ同様だが、周期的なパラメタライゼーション（$0 \leqq \phi < 2\pi$）とな

る。この初期パラメタライゼーションの結果に基づき、面積保持（area preservation）と歪み最小化（minimal distortion）の制約のもと、最適化をおこなうことで対象輪郭上をできるだけ均一に覆う位置パラメータを得る。

理想的には輪郭をポリゴンで表現した場合には、その各面の面積や辺の長さ、辺がなす角度を保ったままパラメタライゼーションしたい。しかし、対象の輪郭形状が球である場合を除き不可能なため、優先順位をつける必要がある。ほかにもパラメタライゼーションの方法は提案されている。たとえば、別の球面調和関数解析の実装であるSPHARM-MAT（Shen et al. 2009）では、長さ歪みを一定以下に抑えつつ面積歪みを最小化するＣＡＬＤ（Control of Area and Length Distortions）アルゴリズム（Shen & Makedon 2006）が採用されている。位置パラメータが定まれば、球面調和係数の推定ができる。SPHARM-PDMでは球面調和係数の推定は、二〇面体再分割に基づいたサンプリング点の座標値と位置パラメータを用いておこなう。正二〇面体を基準に、各三角の面を各辺を$n+1$等分してより細かい三角形に分割するのである。この頂点を球面上に投影することで、球面上に均一なサンプリング点を用意できる。このnを大きくすればより細かい部位の変化を捉えることができるが、計算時間は長くなるだろう。またボクセルのサイズよりも小さくしても無意味である。

ここまで述べてきたSPHARM-PDMを用いて、実際に三次元データを解析する手法については、補遺2を参照してほしい。

3・4 今後の展開

SPHARMを考古学・人類学に適用した例は実際のところ少ない。Sholts et al.（2017）は、九〇〇〇～一万三〇〇〇年前の北米の石器を対象にSPHARMを用いて石器の対称性を定量化している。Harper et al.（2021）では、SPHARMとセミランドマークによる標識点ベース幾何学的形態測定学を比較し、どちらもおおまかな傾向は変わらないものの、SPHARMは鋭い部分を捉えそこねていることが報告されている。楕円フーリエ解析と比較した場合に応用例が少ないのは、そもそも三次元データの取得が二次元データに比べてコストが高いこと、SPHARMが相対的には難しく、またスタンダードなツールが確立しているとはいえないこと、そしてなにより、二次元データの解析の場合と、結果が大きくは変わらないことが多いため、かけた労力に成果が見合わないからではないかと思われる。しかしながら、研究例が少ないため、まだ多くの場合二次元でも認識しやすい特徴に注目が集まっている可能性もある。たとえば厚みといった特徴が重要になる事例があれば、それに触発されて利用例が増えることがありうる（図3・5）。

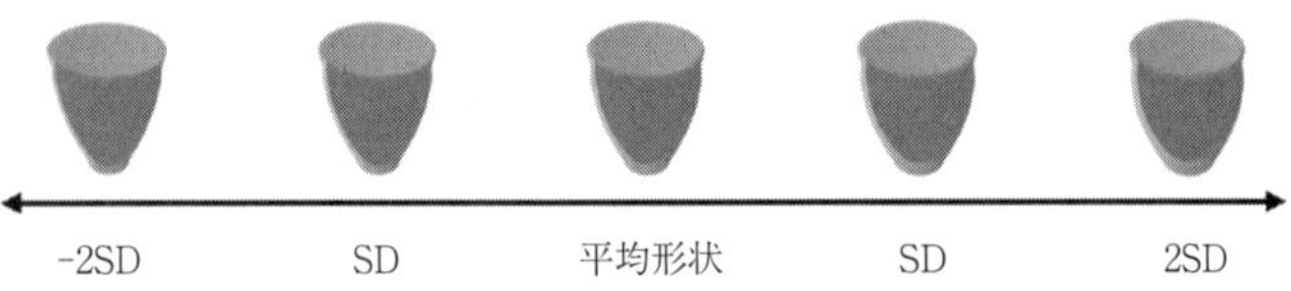

図3・5　土器の厚みの変化に対応する主成分軸。遠賀川式土器の球面調和関数解析により得られた球面調和係数を特徴量とした主成分解析により、土器の厚みの変化を捉えたと考えられる主成分軸が得られた。

また、SPHARMやほかの幾何学的形態測定学の解析の結果が、新しい研究に結びつくこともありうる。こうした解析では、形態を定量化した後、主成分分析をおこなうケースが多い。そして、得られた主成分を、形態の特徴量とみなす。主成分間の相関を検討することは、たとえば部位間の関連のような、形態の特徴間の関係性を調べることに相当する。もし、主成分間になんらかの相関がみられた場合、それは製作時の制約やその資料を製作した集団に共有されていたイメージといった、考古学的に有意味な情報である可能性がある。そして、幾何学的形態測定学を使った製作物のパターンの把握にとどまらず、生物の発生過程などのモデルを応用した、製作過程のモデリングまで踏み込める可能性がある。

最後に、幾何学的形態測定学の限界や利用に際しての注意点を述べたい。まず、幾何学的形態測定学はあくまでも定量化・パターン認識のための手段ということである。主成分分析の結果の散布図のような関係が、どのようなメカニズムで生じたのかといった問いに答えることはできない。そのためには、考古遺物を生み出した人間の活動に関するなんらかのモデルや理論が必要になる。

技術的な点について述べるならば、幾何学的形態測定学は、（相対的には）データドリブンな手法である。だから、データセットに結果が依存する、つまり、どのような形態的特徴が主成分として現れるのかは、データセットによって変わってくる。したがって、実際のところどのようなデータセットを作るかによって解析の結果は左右される。このことは裏を返せば、自分が出したい結果に都合のいいデータセットを作ることで、結果をある程度操作できる可能性もある。

また、データドリブンであるということは、欠損値に弱いということでもある。現在利用可能な考古学・人類学のデータが、過去の人々の骨や残した道具からまんべんなくサンプリングされているとは思えないだろう。発掘調査がおこなわれやすい立地であったり、残りやすい遺物であったりといったバイアスがあるはずである。データセットの構成に影響を受けるという性質は、このバイアスに脆弱だということを意味してもいる。

もちろん、ほかの手法であっても、バイアスの影響は受けることになる。欠損値に対して頑健な分析をする方法の一つは、形態のモデルを作ることである。モデルを作ってしまえば、ある個体はそのほかのデータがどうであれ、形態空間上の位置が変わらない。しかし、モデルを作るためには、多くの考古資料を分析してパターンを把握する必要がある。

また、幾何学的形態測定学を含む数理的手法のメリットとして「客観的」であることが挙げられることもある。しかし「客観的」という言葉には非常に多様な意味があり、その言葉を使って有意義な議論ができるかといえば、筆者は正直なところ疑念を抱いている（Douglas 2004など）。実際に、人文・社会科学の分野で、客観性をめぐる議論や、「数理的な方法さえ使えば『真実』に到達できる」というような、楽観的な「科学」主義への批判もなされてきた（阿子島・溝口 2018）。

しかしながら、そうした考古学、あるいは人文・社会科学一般における議論の蓄積が、現在の考古学コミュニティの若手に十分に継承しきれていない可能性があるように思われる。第二章の内容に即していえば、少なくとも幾何学的形態測定学をはじめとする数理的手法は、経験知・暗黙知を明示化することで透明性を高め、再解析による再生可能性の向上に寄与しうる。もちろん、そうしたことに価値を見出すかどうかは、日本の考古学コミュニティとして、何を目指して、どのような知識生産のエコシステムを築いていくかに依存するだろう。それ次第で、再生可能性以外の数理的手法の価値も当然ありうる。幾何学的形態測定学にしろ、オープンサイエンスにしろ、繰り返しになるが、全体の構想があってこそである。

第四章　三次元データを用いて研究する：具体例

中尾 央・野下浩司・中川朋美・田村光平・金田明大

計測する編者

三次元計測は楽しい。遺物を見つつ3Dスキャナーの光を当て、あるいは遺物を回転させながら写真を何枚も撮って、最後はパソコンの画面で三次元モデルが構築される様子を眺める。できあがったモデルは（うまくいけば）実物とほとんど変わらないように見えるし、まるで遺物が自分の手元に置かれているかのように感じなくもない。少し手間はかかるが、最終的にできあがったモデルを見ていると、時間をかけたかいがあったなあという達成感もある。

しかし、三次元計測そのものが、研究それ自体かと問われれば少したためらってしまう。もちろん正確かつ精度の高い、質の良いモデルを作りだすための、より効率的な計測技術を開発することも重要な研究であるし、われわれもそのような計測技術の論文を発表している（Kaneda et al. 2022）。

こうした技術は研究の基礎となりえ、その意味では実測図の描き方などと似ているところがあるのかもしれない。実測図は考古学の基礎だが、実測図を書くだけで研究成果になるかといえば、そうではない。また、後述する（形質）人類学でいえば、計測点どうしの距離を測って記載していく作業も、人類学研究の基礎であることはまちがいない。だが、その個体のさまざまな特徴を理解するには、その計測値について他の個体（群）との比較をおこなわなければならない。

実際、考古学や人類学の目的は、（細かな点についてはさまざまな異論がありうるだろうが）人類史を明らかにするということであって、遺物を正確に記載することそれ自体ではない。そう考えると、三次元計測だけで研究は完結しない。三次元計測だけをひたすら繰り返したところで、人類の過去は明らかにならないからだ。第一章や第三章でも少し触れたように、設定した特定の研究目的に沿って三次元計測を進めるべきである。

本章では、三次元データに基づいた研究について紹介していく。基本的には前章で紹介した幾何学的形態測定学によってデータを解析していくが、その基礎については第三章を参照してほしい。[1] 本章では、この幾何学的形態測定学に基づいて、どのような研究が可能なのか、いくつか事例を紹介しよう。まずは古人骨に関する研究を紹介し、続いて土器に関する研究を概観していく。前者は幾何学的形態測定学のなかでもランドマーク法とよばれる手法を用い、後者は球面調和関数解析とよばれる数学的手法によって三次元データを考察する。

具体的な解析に入る前に、幾何学的形態測定学の長短所について触れておきたい。たとえば幾何学的形態測定学を用いて古人骨の三次元データを解析しようという場合、従来の計測法とどのような違いがあるのかについて、気になる人がいるかもしれない。従来の計測法の場合、多様な計測点どうしの距離を計算し、その距離（と示数）を古人骨同士で比較することによって、人類集団の時空間動態を検討していた（弥生時代人骨の場合、内藤（1989）、松下（1991）など）。しかし、計測できる計測点の数が増えれば増えるほど、測らなければならない距離は増え、すべての点からすべての特徴を抽出できるわけでもない。幾何学的形態測定学では、たとえばランドマークの配置関係の変化全体を同時に検討できるため、従来計算されていなかった計測点間の変化もみることができる。さらに、ここまでみてきたように、幾何学的形態測定学では形状を分離して検討するため、体格のような身体的差異の影響を取り除くことができる。

とはいえ、考古遺物の場合、形状だけの検討では不十分な場合も考えられる。狩猟用と対人武器としての石鏃（せきぞく）はサイズが異なるという指摘がなされることも少なくないが（松木 2007; Otterbein 2004 など）、こうしたサイズ変化をみるためだけなら、幾何学的形態測定学はオーバースペックである。このように、幾何学的形態測定学の長所が短所になることもあるため、適用する対象や目的に応じて、長短所を再度検討しておくことが重要になってくる。

4・1　Rを用いた幾何学的形態測定学（ランドマーク法）

本節では古人骨（特に頭蓋と下顎）を対象とし、幾何学的形態測定学を応用した事例を紹介しよう。主に弥生時代と古墳時代の古人骨について、幾何学的形態測定学を用いた解析結果である（Nakao et al.（2023）、また中川他（2022）で発表した内容である）。

最初に、解析の方法について触れておきたい。古人骨三次元データをランドマークに基づく手法で分析する場合、やり方は大きく分けて二通りある。一つは本節で紹介するランドマーク法、そしてもう一つがセミランドマーク法といって、特定の場所だけでなく、広くまんべんなくランドマークを配置し、その配置関係を考察する方法である。いったん前者を紹介したあと、後者についても少し説明することにする。

Nakao et al.（2023）では弥生時代の古人骨を主に対象としている。弥生時代の古人骨は九州の出土例が多く知られているが（Nakagawa et al. 2017; 2021）、本研究の主な目的は、日本全土の弥生時代人の拡散過程の考察であったため、九州以外の弥生人骨が重要な対象になった（実際に検討された古人骨出土遺跡については図4・1を参照）。

特に北部九州では、甕棺（かめかん）とよばれる埋葬具のなかで古人骨が比較的良い状態で保存されている。甕棺によって土に直接触れにくい状態になっているからだ。それゆえ、これまで弥生時代の古人骨研究といえば、九州が中心であった（内藤 1989; 松下 1991; Nakagawa et al. 2021 など）。実際、九州内部であっても北部と南部とでは形質に特に大きな違いがあることが知られている。しかし当然ながら弥生時代は北部九州で完結せず、日本全土で検討が必要である（片山 2013）。したがって、北部九州以外の場所で出土した古人骨も検討しなければならないが、北部九州と比較すると（土壌の性質や墓制の違いなどから）どうしても保存が悪く、かなり限られたサンプルでしか検討できなくなってしまう。その点は注意が必要である（表4・

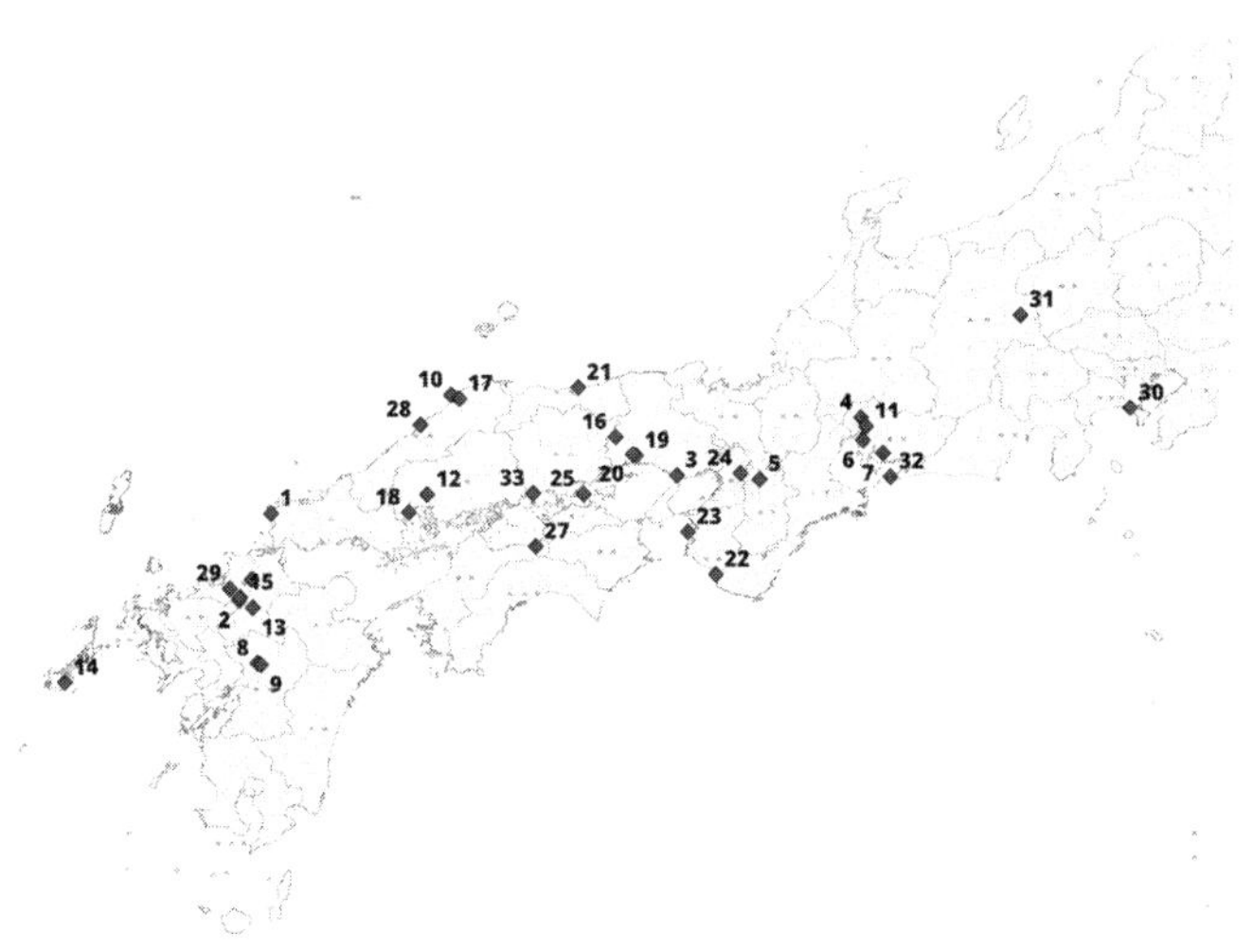

図4・1　Nakao et al.（2023）で扱った古人骨が出土した遺跡。図中の遺跡は番号順に、1. 土井ヶ浜遺跡、2. 隈・西小田遺跡、3. 新方遺跡、4. 朝日遺跡、5. 長寺遺跡、6. 法海寺遺跡、7. 新御堂貝塚、8. 庵ノ前遺跡、9. 長嶺遺跡、10. 猪目洞窟、11. 熱田貝塚、12. 毘沙門台遺跡、13. 大福村甕棺、14. 大浜遺跡、15. 山家村甕棺、16. 横坂丘陵遺跡、17. 青木遺跡、18. 高畑貝塚、19. 明神山墳墓、20. 白鷺山墳墓、21. 青谷上寺地遺跡、22. 新庄遺跡、23. 地ノ島遺跡、24. 鬼虎川遺跡、25. 柚ヶ浜遺跡、26. 立岩遺跡、27. 横地山遺跡、28. 仁万坂灘遺跡、29. 金隈遺跡、30. 長谷小路遺跡、31. 月明沢遺跡。

表4・1

	縄文	弥生前期	弥生中期	弥生後期	不明	合計
中部九州			4			4
北部九州			33	1		34
山陽	27			4	1	32
山陰		3	4	20	3	30
四国			1	1		2
近畿		2	1	5		8
東海	18	1	6	5		30
中部		1				1
関東			4	1		5
合計	45	7	53	37	4	146

Nakao et al.（2023）で取り上げた古人骨のサンプル数。サンプルを所蔵している機関など、詳細はNakao et al.（2023）のsupplementary dataも参照（第二章で触れたオープンアクセスのである）。URLはhttps://lebs.hbesj.org/index.php/lebs/article/view/lebs.2023.111.

1）。

そうした注意を念頭において、どのように解析を進めていくかを確認しておこう。三次元データの取得方法は第一章で述べたとおりである。ただし、得られたデータは非常にサイズが大きく（一〇〇〜六〇〇メガバイトほど）、このままではパソコンで開くだけでもかなりの時間がかかる。実際、Rを用いて三次元データ上にランドマークを配置しようとしても、サイズの大きい（＝三次元データを構成するメッシュが密な）データだとメッシュデータの読み込みに相当な時間がかかるうえ、メッシュが密すぎてランドマークを配置したい場所を正確に把握することが困難になってしまう。

そこで、得られた三次元データのサイズを落とす作業が必要になる。さまざまな方法があるが、野下他（2022a; 2022b）などで土器の三次元データを解析する際には、Meshlab というソフトウェアの Simplification: Quadric Edge Collapse Decimation というフィルターを用い、サイズを一メガバイト程度に落として解析をおこなった。この手法を用いても対象のおおまかなかたちの把握には遜色ないことが同論文で確認されているため、古人骨についても同様の手法でサイズを一〇メガバイトほどに落として解析を進めた。このサイズを倍の二〇メガバイトにするだけでランドマークの配置がやっかいになる[2]。

次は、サイズを落とした三次元データをRに読み込んで解析を進める（簡単なコードを中川他（2022）にしたがって補遺3に記載するので参照）。おおまかには geomorph というパッケージ（Adams et al. 2016）を用いて三次元データのplyファイルを読み込み、ランドマークを配置していく（図4・2）。今回は三一個のランドマークを三次元データに配置した。配置した場所は従来の形質人類学で計測点として用いられ、そのなかでも比較的間違えることが少ないもの（さまざまな縫合の交差する場所）を選んで配置した。詳細な場所については図4・3を参照してほしい。

こうして配置された三一個のランドマークそれぞれについて、Rでの配置が終了すれば、各ランドマークについて、x、y、zの座標値が得られる。この作業をすべての古人骨三次元データに対しておこない、プロクラステス解析をする。その結果に対して主成分分析をおこない、

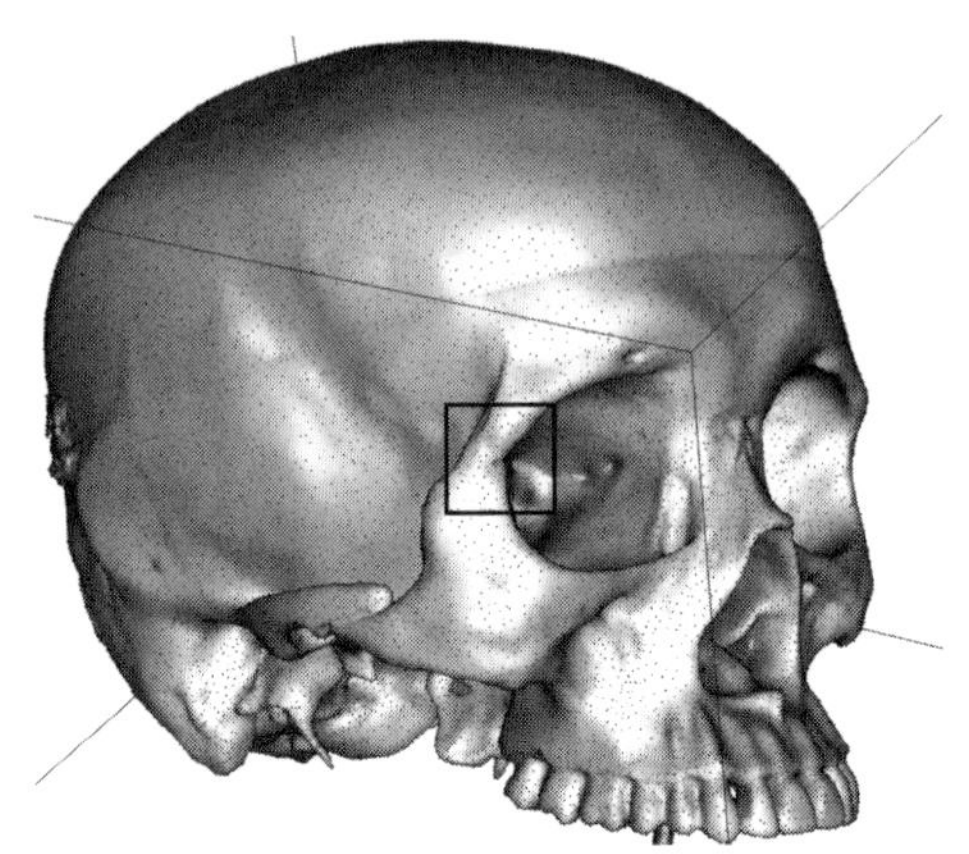

図4・2　四角で囲ったあたりにランドマークが一つ配置されている。人骨は京都化学の人骨模型（SH-7）であり、この三次元モデルは第一章で触れたEinscan Pro HDを用いて計測・作成された。

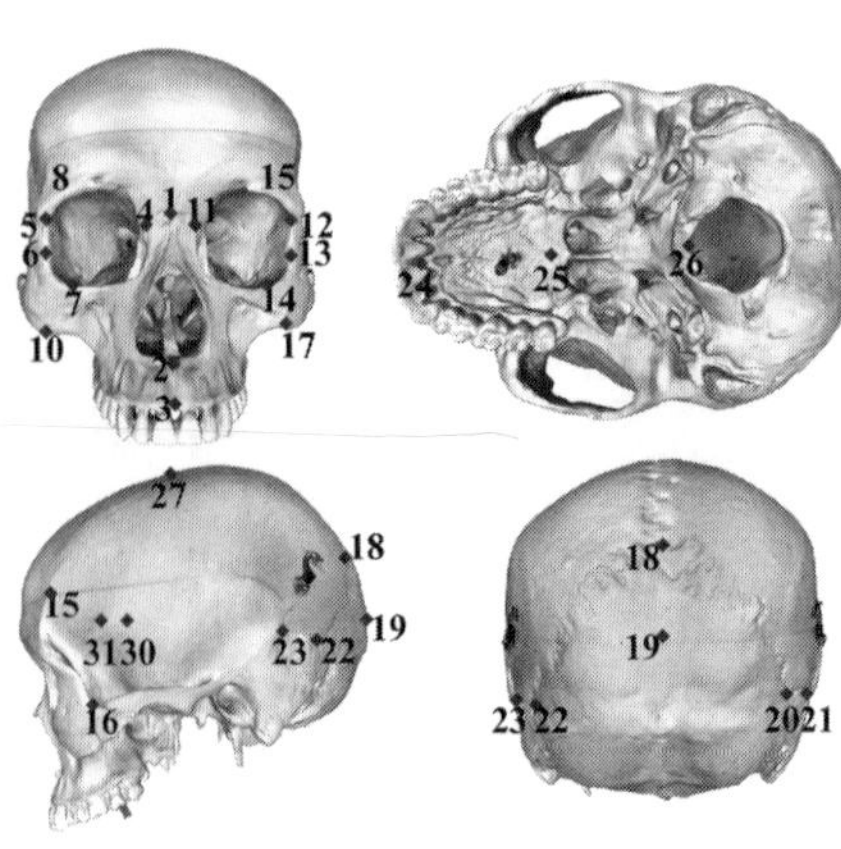

No.	Selected metrical points
1	Nasion
2	Nasospinale
3	Prosthion
4	right Maxillofrontale
5	right Frontomalare
6	right Ektokonchion
7	right Orbitale
8	right Frontotemporale
9	right Jugale
10	right Zygomaxillare
11	left Maxillofrontale
12	left Frontomalare orbitale
13	left Ektokonchion
14	left Orbitale
15	left Frontotemporale
16	left Jugale
17	left Zygomaxillare
18	Lambda
19	Opisthokranion
20	right Asterion
21	right Entomion
22	left Asterion
23	left Entomion
24	Orale
25	Staphylion
26	Basion
27	Bregma
28	right Krotaphion
29	right Sphenion
30	left Krotaphion
31	left Sphenion

図4・3　ランドマーク配置場所。

各古人骨頭蓋三次元形状のどのような変化が、手持ちのデータセットの違いをうまく説明してくれるのかを考察する。

ここでの主成分分析とは、多次元のデータについて、そのデータの多様性をうまく説明してくれる主成分とよばれる合成変数をつくる手法である。データのばらつきの大きな方向から順に、第一主成分、第二主成分……、と計算される。各主成分が多様性を説明する程度は寄与率（contribution rate）とよばれ、この寄与率が合計一〇〇パーセントに達するまで、複数の主成分が計算される。一般には、寄与率の合計（累積寄与率）が七五パーセントを超えるまでの主成分を確認することが多い。

この主成分分析の結果、ランドマークの配置関係から頭蓋形状の多様性を説明する変化を抽出できるが、三次元データの解析の場合、第十数成分まで七五パーセントを超えない場合も少なくなく、今回の解析でも第一五成分でようやく七五パーセントを超えた。ここですべての主成分を検討することはできないため、ひとまず第一・第二主成分のみを確認しておこう。

第一・第二主成分が捉えている変化を図示したものが図4・4である。球は三一個のランドマークの配置を示し、球から伸びた棒は、主成分得点の点数にしたがってどの方向に、どの程度の変化が生じるのかを示す。今回の解析では、第一主成分は歯の前後位置や頭部全体の前後長を捉えている。第一主成分のスコアが大きいほど、頭部全体が前後に短くなり、歯が前方に

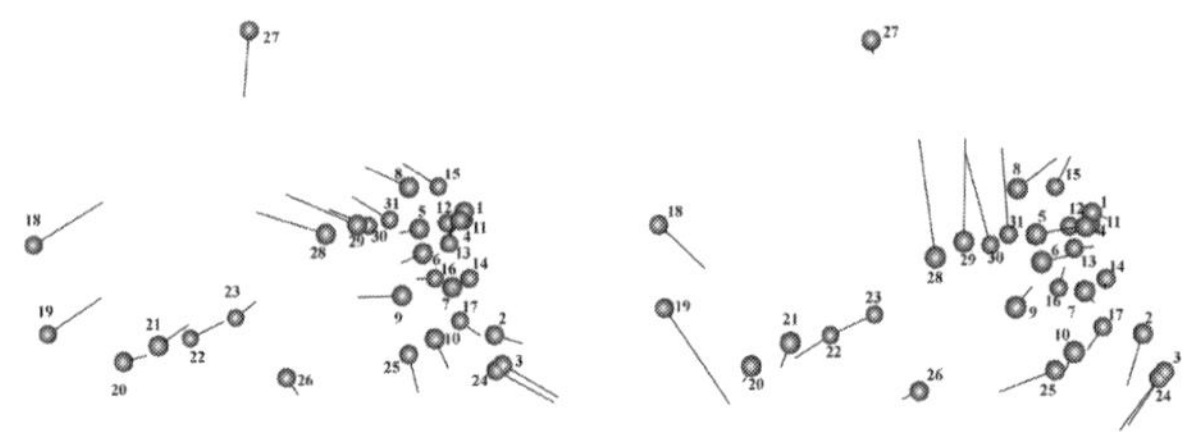

図 4・4　第一主成分と第二主成分が示すランドマークの変化。どちらも頭蓋を右横から見た図になっており、振られている番号はすべて図 4・3 の番号と対応している。

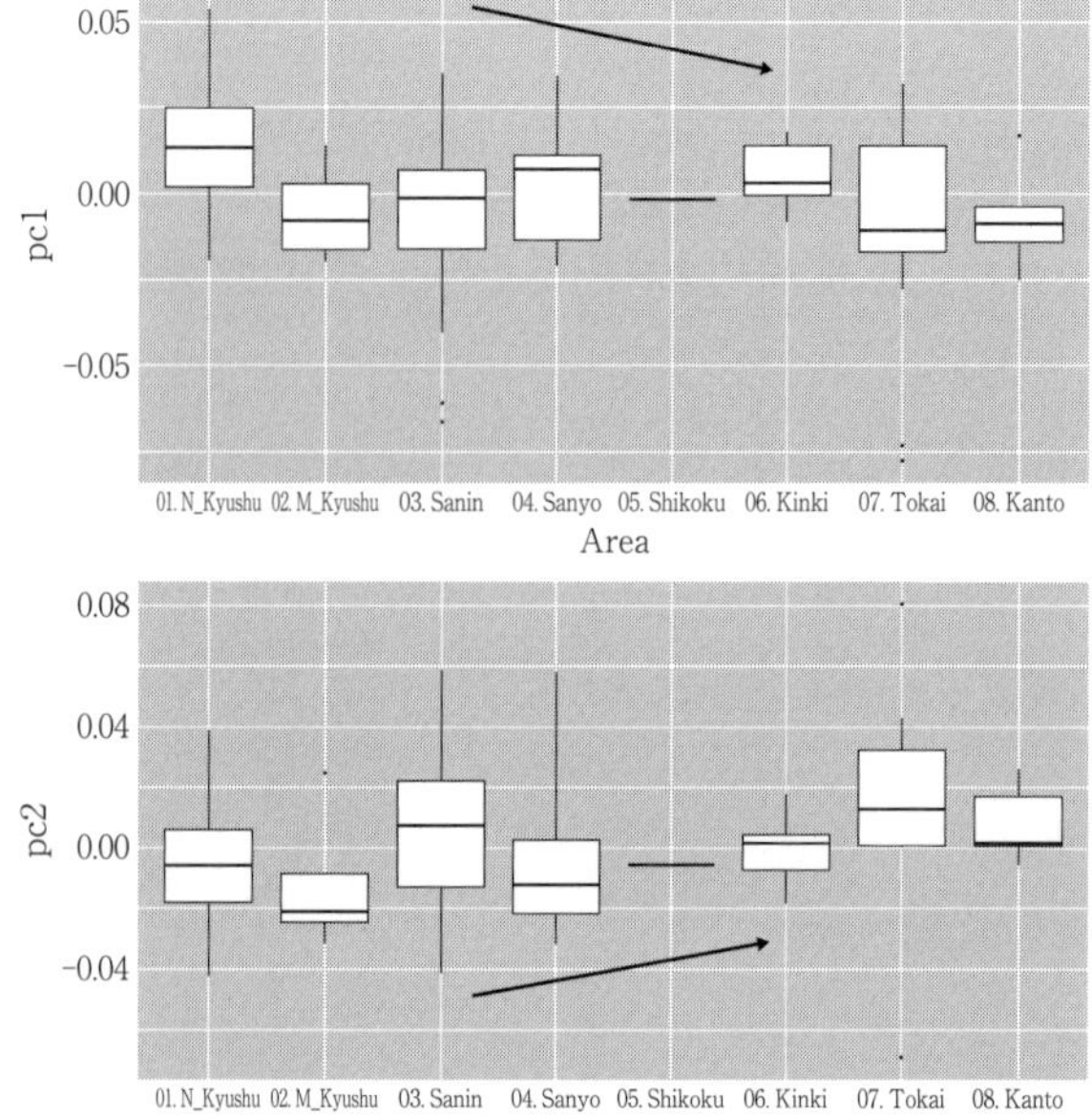

図 4・5　第一主成分と第二主成分の得点を、地域ごとに箱ひげ図にしたもの。箱の真ん中の横棒は中央値を表し、箱の最上端は第 34 分位数，最下端は第 14 分位数を表している。

出るという変化である。

図４・５は第一・第二主成分を地域別にグラフ化したものだが、北部九州の古人骨の方が、関東や東海の古人骨より頭部の前後長が短く、歯が前方に出ていることがわかる。同じく第二主成分は顔面部後方の上下高や歯の位置を捉えており、主成分得点が小さいほど歯が前に出て、顔面部後方が高い位置にくる。図４・５からわかるように、北部九州に近いほどこの傾向が強いということになる。

４・２　古人骨三次元データの数理解析からみえるもの

こうした解析結果からは何がみえてくるだろうか。もっともわかりやすいのは、地理的勾配である。図４・５でも示されているとおり、北部九州から東もしくは南へ移動していくと、だんだんと主成分得点が下がる（第一主成分）、もしくは上がる（第二主成分）傾向がみてとれる。これは何を意味するのだろうか。

一般的に、韓半島から北部九州に移住してきた集団が、弥生時代集団の形成に影響を与えたといわれることが多い（中橋 2005 など）。この主張ももちろん韓半島や大陸の集団との比較検討から検証されるべきである。しかし、もしこの主張が正しいとすれば、図４・５で示される地理的勾配は、北部九州から遠ざかるにしたがって、最初に移住してきた集団の特徴が失われていく状況を反映している可能性がある。理想的には、北部九州に到達した集団が、在地の集団（この場合だと縄文時代集団）と交配し、徐々に形質を変化させながら東へ移動していった、というような状況が考えられるだろう（神澤他 2021；片山 2013）。

しかし、韓半島から渡来してきた集団と在地の集団がどの程度交雑していたのか、それはまだはっきりとしたことがわかっていない。たとえばNakao et al.（2023）では弥生時代の集団と、縄文時代の集団を比較したところ、東に行くほど弥生時代の集団が縄文時代の集団に近いというわけではないことが示された。もし先の理想的な状況が正しいとすれば、東に行けば行くほど縄文時代の集団に近くなるはずである。だが、縄文時代集団と弥生時代集団を混ぜて幾何科学的形態測定学による解析をおこなったところ、第一・第二主成分とも、縄文時代集団により近いのは北部九州の弥生時代集団であり、他方で東日本の弥生時代集団は縄文時代集団とはより遠くなるという結果になった。

もちろん、交配して遺伝的構成は変化していても、それが形質（特に今回の場合は頭蓋形状）には反映されないことも十分考えられる（Richerson & Boyd 2004；West-Eberhard 2003）。多くの場合、遺伝子と形質が一対一の対応関係にないことは、進化生物学の常識である。しかし、形質データがなんらかのかたちで遺伝的な背景と関係していると示唆されてきているからこそ、形質に関する研究がまだ重視されているのもたしかであり、形質データからみえてくる集団関係を無視はできない（Pietrusewsky 2014; Sparks & Jantz 2002）。

また、仮に混血が少なかったとすれば、移住集団と在地集団は比較的独立した生活を営んでいたと推測できる。縄文時代集団は狩猟採集を営み、他方弥生時代集団は農耕に従事していたと想定されるので、異なる生業そのままだとすれば、特に交流する機会も多くなかったのかもしれない。弥生時代の集団間紛争については、やはり北部九州で頻繁にあったことが示唆されており、現状では在地集団と移住集団のあいだで争いが起こっていたことを示す証拠は得られていない（Nakagawa et al. 2017; 弥生時代の争いについては第五章も参照）。こうしたストーリーとも、先の結果はある程度整合的であると考えられる。

しかし、もし東日本の弥生時代集団が縄文時代集団と混血していなかったならば、どうして東に行くにしたがって、弥生時代集団が形質を変化させていったのかという点が謎として残ってしまう。移動とともに時期が経過し、環境や生活スタイルに応じた変化が生じたと考えられなくもない。ただ、頭蓋がある程度保存されている古人骨は北部九州以外だとかなり限られるため、詳細な時期的変動を追えない点が足枷となっている。現状では、こうした可能性も指摘できるというくらいにとどめておくのが妥当なところだろうか。

いずれにせよ、こうした広域的な人骨形状の変化を追うことにより、特に文化動態にかかわる集団移動の様相が定量的に理解できるようになる。この様相のことを、本書冒頭でも触れたように、進化生物学などではパターンとよぶ（中尾・三中 2012; 三中 2006）。対して、このパターンを生みだす要因をプロセスとよぶ。この集団移動パターンが把握できれば、そして他の関連する考古遺物についても同様に伝播パターンが定量的に把握できていれば、両者を比較検討できるようになる。さらに、両パターンの関係をうまく説明できるモデルを構築することができれば、二つの文化動態に関して、背後にあるプロセスについても一定の説明ができる。このパターンとプロセスの関係については、次章で扱うことにしよう。

また、もちろん弥生時代だけでなく、ほかの時代についても古人骨三次元データを同様に解析可能である。たとえば古墳時代の山陽地方（兵庫、岡山、広島県）で出土した古人骨について、中川他（2022）では同様の解析をおこなった。こちらでも配置したランドマークの数は三一であり、配置場所も変わらない。先の弥生時代とまったく同じように、配置したランドマークについてプロクラステス解析、主成分分析をおこなった結果が、図4・6である。

広島県はサンプルが少なすぎたものの（表4・2）、兵庫県と岡山県を比較すると、後者において第一主成分が比較的時代ごとでまとまっているように、また第二主成分は前期あるいは前期—中期で比較的まとまっているようにみえる。さらに第一主成分については、前期から中期に移行するにしたがい、徐々に得点が小さくなる傾向がみられる。もしかすると岡山のみ、

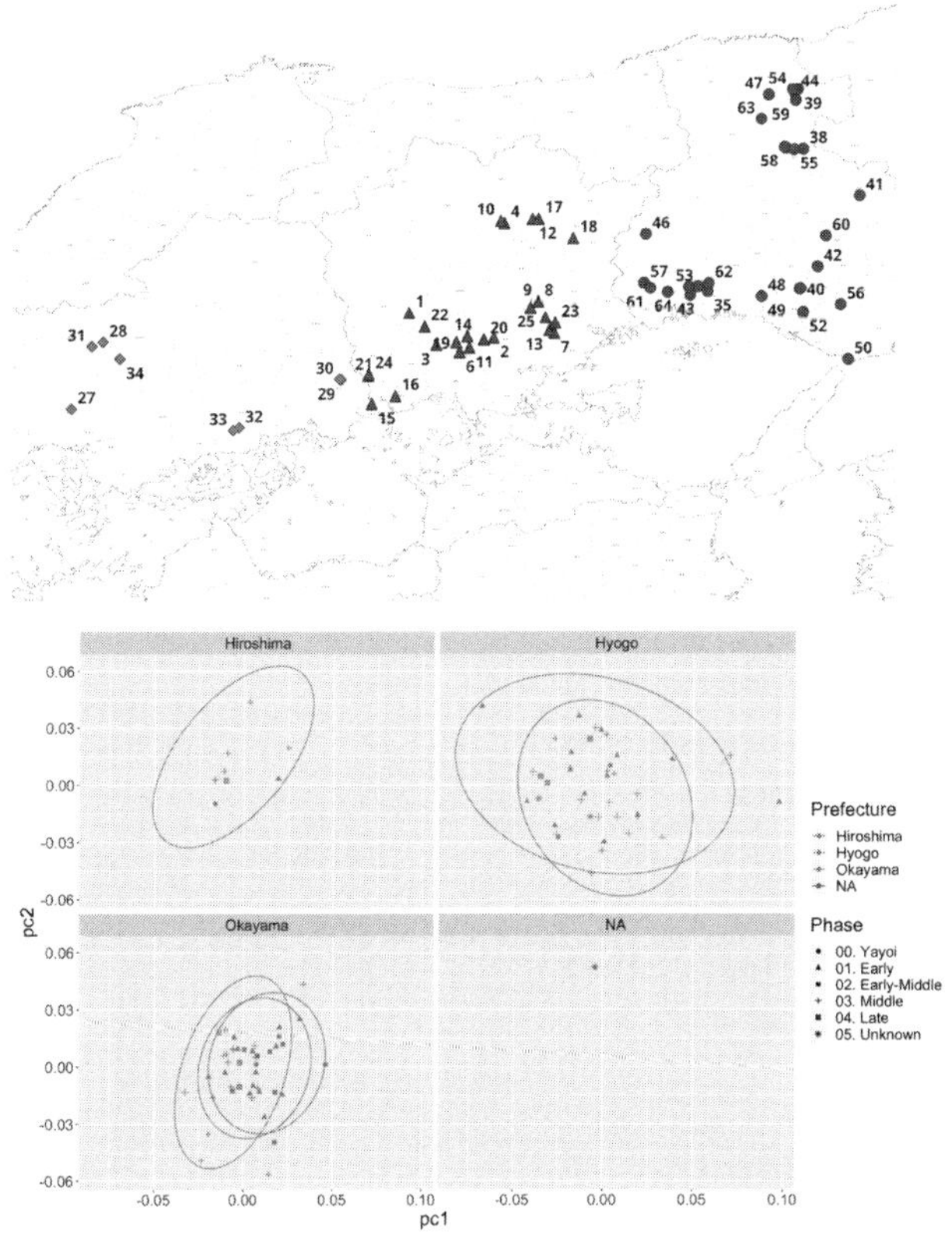

図 4・6　中川他（2022）で対象とした古人骨が出土している遺跡。

図中の遺跡は番号順に、1. 赤羽根古墳群、2. 飯盛山東古墳、3. 狩谷 5 号墳、4. 久米三成 4 号墳、5. 中島古墳 1 号墳、6. 殿山古墳群、7. 北山古墳、8. 西軽部古墳、9. 多賀神社傍古墳（西軽部）、10. 足田口 5 号墳、11. 江崎古墳、12. 下道山南古墳、13. 陣場山古墳群、14. 久米 2 号墳、15. 茂平八幡境内内古墳、16. 本村古墳、17. 沼 6 号墳、18. 落山古墳、19. さでもん山古墳、20. 佐古田堂山 2 号墳、21. 石塔山古墳、22. 若水山古墳、23. 片山古墳、24. 狐谷古墳、25. 笹井古墳、26. 石井古墳、27. 毘沙門台遺跡、28. 氏神正田古墳、29. 吹越古墳 8 号墳、30. 石鎚山古墳 1 号墳、31. 城ヶ谷古墳 1 号、32. 貝持山古墳、33. みたち第 1 号古墳、34. 新宮第 2 号古墳、35. 明神山墳墓群、36. 白鷺山墳墓群、37. 周遍寺山古墳、38. 柿坪中山古墳、39. カヤガ谷 1 号墓、40. 堀山古墳 3 号墳、41. 滝山古墳 1 号墳、42. 樋詰古墳、43. 鳥坂古墳群、44. 坪井遺跡、45. 梅田 15 号墳、46. 横坂丘陵遺跡、47. 羽根山古墳、48. 小丸山古墳、49. 小丸山古墳 、50. 舞子浜遺跡、51. 向山 5 号墳、52. 西条 10 号墳、53. 新宮東山古墳、54. 田多地古墳群、55. 筒江古墳、56. 与呂木古墳、57. 丸尾古墳、58. 向山 11 号墳、59. 花山墳墓群、60. 東山古墳、61. 西野山古墳、62. 天光寺山古墳、63. 西家ノ上古墳、64. 下田西山古墳。

表4・2

	弥生後期	古墳前期	古墳前期－中期	古墳中期	古墳後期	合計
兵庫	2	14		19	3	38
岡山		14	10	17	3	44
広島	1	1		5	1	8
合計	3	29	10	41	7	90

中川他（2022）で取り上げた古人骨のサンプル数。詳細は中川他（2022）も参照のこと。

時期によって少し異なる集団が古墳に埋葬されるような支配者層として存在していたのかもしれない。

実際、検討対象を山陽地方だけでなく日本全土に広げたときも、中期のみで異なる様相がみられる（Nakao et al. submitted）。Doi & Tanaka（1987）で示されたように、北部九州からの地理的勾配が古墳時代全体ではたしかに確認できるものの、古墳時代を前期・中期・後期以降と区分してみると、この傾向は中期のみ観察できない。これはどう理解すべきだろうか。

古墳時代中期は、前期には近畿（特に奈良）を中心として建造されていた大型の前方後円墳が、近畿以外でも各地で建造されはじめる時期である。こうした社会変化が、人類集団の移動になんらかの影響を与えていたとしてももちろん不思議ではない。いくつかの地域では、大型古墳の建造後に（住居址の数から推定される）人口の増加があった。こうした人口増加からも、大型古墳の建造が各地で集団の移動をより広域に加速していった可能性が指摘できるだろう。実際、大型古墳の建造が落ち着きはじめる古墳時代後期になると、先述したような地理的勾配が再度確認できるようになり、地域を超えた集団の移動がやや落ち着いたようにもみえる（Nakao et al. submitted）。

この解析で注意しておかねばならないのは、古墳時代に帰属する出土人骨の多くが、古墳や横穴など、ある程度身分が高いと想定されている人物のものであるという点である。したがって解析結果は身分の高い人間に限定された話かもしれず、いわゆる一般人の移動パターンとは異なる可能性がある。これは、一般人の古人骨が発掘されなければわからない点だが、残念ながら、古墳時代は一般人の墓にはあまり良い状態で人骨が残されていない。現状では今後の課題としておくしかないだろう。

もう一つの具体例を示しておこう。吉田・中川・中尾（2022）では、第一章で紹介した出土状況そのままに固定された朝日遺跡出土の古人骨について、一部の個体を再度取り上げ、その下顎について同様の解析をおこなった。具体的には図4・7aのような位置にランドマークを配置し、それぞれの遺跡（基本は東海・中部地方）から出土したさまざまな時期の古人骨の下顎と比較している。

主成分分析の結果、第一主成分は主成分得点が大きくなると、全体的に左右幅が大きくなり、また前方部が後方に下がる。第二主成分は主成分得点が大きくなるにしたがい、筋突起（下顎後方の突起のうち、前方にある突起）の位置が高くなって後方に下がり、オトガイ（下顎前方部

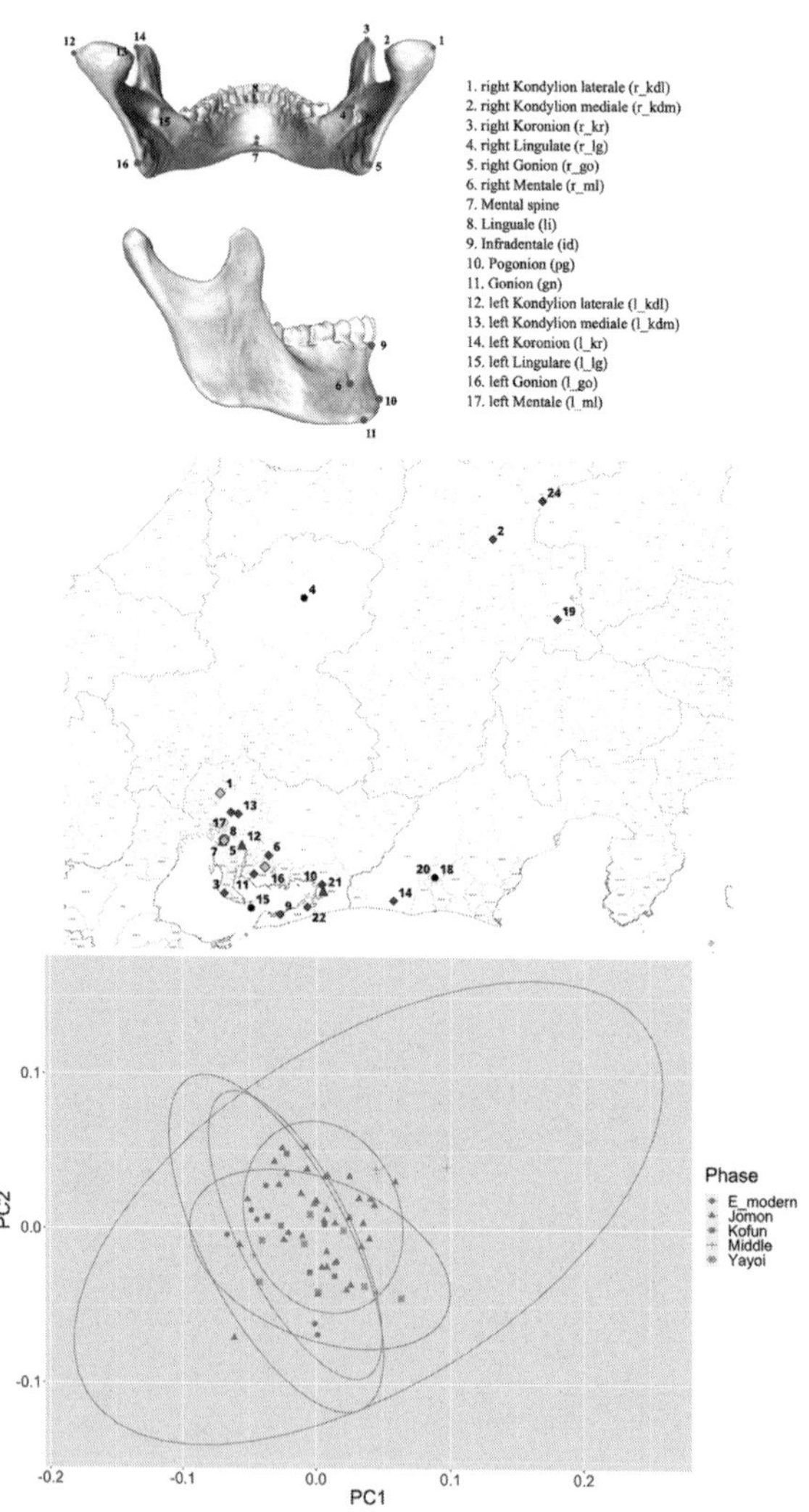
1. right Kondylion laterale (r_kdl)
2. right Kondylion mediale (r_kdm)
3. right Koronion (r_kr)
4. right Lingulate (r_lg)
5. right Gonion (r_go)
6. right Mentale (r_ml)
7. Mental spine
8. Linguale (li)
9. Infradentale (id)
10. Pogonion (pg)
11. Gonion (gn)
12. left Kondylion laterale (l_kdl)
13. left Kondylion mediale (l_kdm)
14. left Koronion (l_kr)
15. left Lingulare (l_lg)
16. left Gonion (l_go)
17. left Mentale (l_ml)
PC2
PC1
Phase
E_modern
Jomon
Kofun
Middle
Yayoi

図４・7a（右頁） 上が吉田・中川・中尾（2022）で下顎に配置したランドマークの位置。真ん中が検討した下顎が出土した遺跡の位置。番号順に 1. 朝日遺跡、2. 保地遺跡、3. 林ノ峰貝塚、4. 桧山第２号横穴、5. 堀切古墓、6. 堀内貝塚、7. 細見遺跡、8. 法海寺遺跡、9. 伊川津貝塚、10. 稲荷山貝塚、11. 枯木宮貝塚、12. 緒川城跡、13. 大曲輪貝塚、14. 蜆塚貝塚、15. 神明社貝塚、16. 新御堂遺跡、17. 玉ノ井遺跡、18. 天王ヶ谷 51 号横穴墓、19. 枥原岩陰遺跡、20. 宇藤７号横穴墓、21. 若宮遺跡、22. 矢崎貝塚、23. 吉胡貝塚、24. 湯倉洞窟遺跡。2、3、6、9、10、11、13, 14、17、19、22、23、24 が縄文時代（Jomon）の遺跡、1、8、16 が弥生（Yayoi）、4、15、18、20 が古墳（Kofun）、7、21 が中世（Middle）、5、12 が近世（early modern）の遺跡である。下は主成分分析の結果をプロットした散布図。

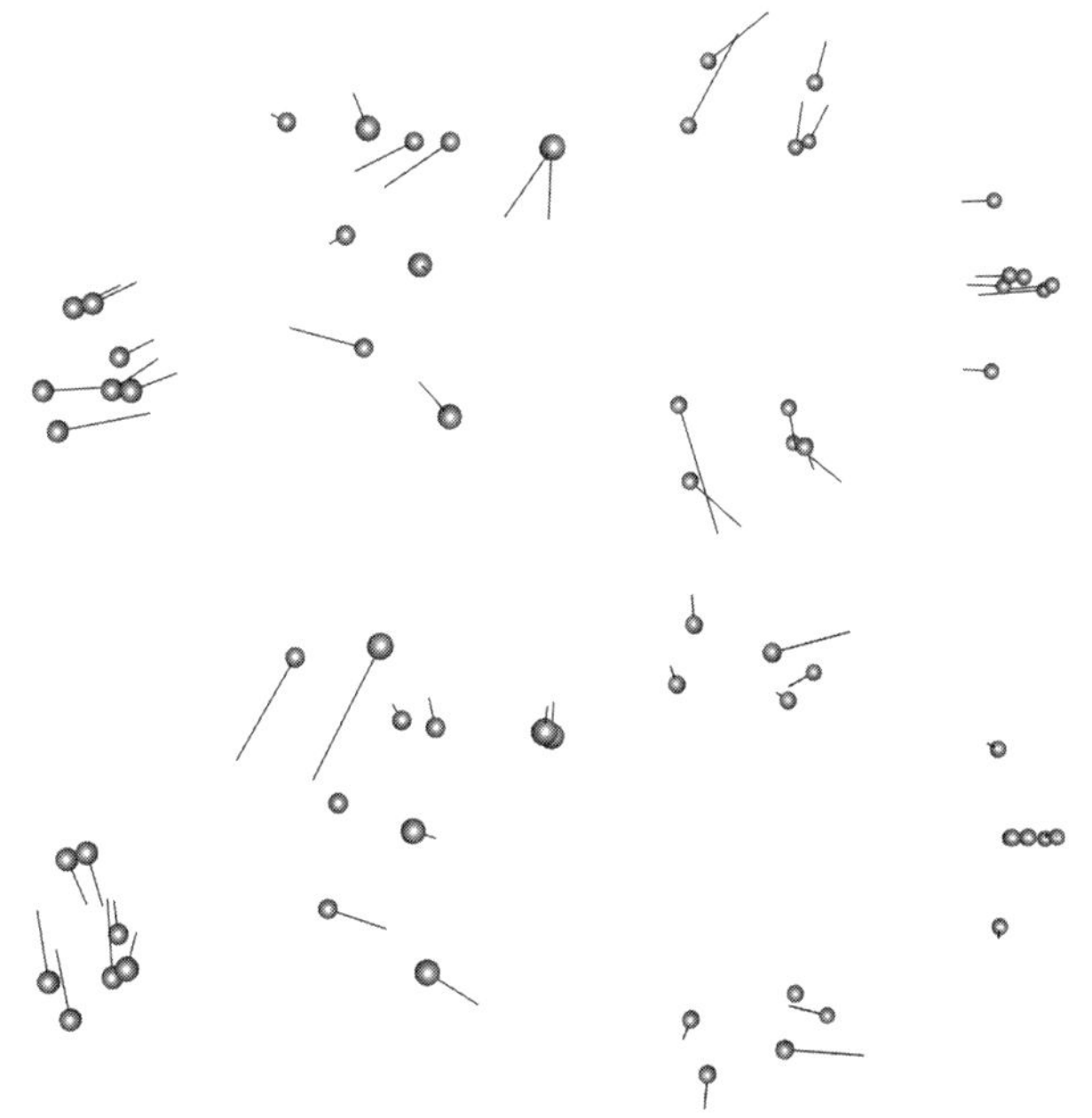

図４・7b 各主成分の変化がとらえているランドマーク配置の変化。上が第一主成分、下が第二主成分。それぞれ下顎を左側から見たものと、上側から見たもの。一部の図は吉田・中川・中尾（2022）から転載。

の下側）の位置が高くなる。また主成分得点にしたがって各下顎を散布図にプロットすると、図4・7a（下）のようになる。さまざまな時代のサンプルが含まれているものの、中世を除く各時代で、比較的まとまった分布をみせている。やはり縄文時代がもっともよくまとまり、ほかの時代と少し異なる配置になっているのが、関連研究とも整合的な結果といえそうである（Nakao et al. 2023; Nakao et al. submitted など）。

4・3 遠賀川式土器の数理解析：楕円フーリエ解析と球面調和関数を用いた研究

ここまで述べてきた幾何学的形態測定学は、もちろん土器などにも応用可能である。本節ではその応用例を紹介する。だが、いきなり三次元データに対する応用例ではなく、二次元データでの類似手法の方がわかりやすいだろう。したがって、本節ではまず、二次元データに対する楕円フーリエ解析からみていくことにする。楕円フーリエ解析については野下・田村（2017）、田村（2020）と本書第三章も参照してほしい。

楕円フーリエ解析は日本考古学でも徐々に研究例が増え、そこまで詳細な説明は不要かもしれない（舘内 2021; 松井 2022）。したがって、ここでは球面調和関数を用いた三次元データ解析の手法を直感的に理解するという目的にとって必要な程度で説明をおこなう。

楕円フーリエ解析は、二次元データの輪郭を解析する手法である。幾何学的形態測定学の一種であり、ここまでと同様、形状を主な考察の対象とする。したがって、基本的にはサイズは検討対象にならないことには注意してほしい。ではどのように、輪郭形状を解析するのだろうか。おおまかに言えば、輪郭形状を連続的な周期関数とみなし、その関数をフーリエ級数展開することにより、近似的に表現しようとする。ある輪郭形状が与えられたとき、その輪郭をフーリエ級数により近似して、フーリエ係数を輪郭形状の定量的な表現とみなすのが、楕円フーリエ解析である。

こうしてさまざまなかたちの二次元データについて、輪郭形状を定量化することができれば次はランドマーク法と同じく、その定量化された数値（n次元データであれば各対象についてn個の数値の組み合わせが存在する）に対して主成分分析をおこなう。これによって、先ほどと同様に多様な輪郭形状をうまく説明できる変量（たとえば主成分得点）を抽出していく。

この楕円フーリエ解析には、ランドマーク法にはない利点がある。ランドマーク法はもともと生物を対象にして考案された手法であり、ランドマークが配置されるのは相同と呼ばれる形質・特徴でなくてはならない。相同とは、異なる種が共通祖先時代から共有していた形質・特徴であり、鳥の羽とコウモリの羽は相同ではない（中尾・三中 2012）。他方、鳥の脚とコウモリの脚は、両者の共通祖先の頃にはすでに進化していたため、相同である。古人骨の場合はもちろん、すべての人骨の計測点がある種の相同的特徴であるため、ランドマーク法を用いることができた。しかし、土器や石器の場合、口縁部や底部といったおおまかな相同的特徴を見出すことはできるものの、相同に相当する箇所を、ランドマークを打てるほどには厳密に定義しづらい。とするとランドマーク法を応用することも簡単ではない。

こうした問題点を回避できる（楕円フーリエ解析以外の）もう一つの方法が、4・1節冒頭で触れたセミランドマーク法である。これは対象にある程度均一な間隔でランドマークを配置していく手法であり、ランドマークが配置される場所が相同であるかどうかを気にする必要はない。ただしどのような箇所に、どの程度のセミランドマークを配置すればよいかという問題は残されたままであり、ランドマーク法特有の問題がすべて解決できてはいない。それに対して、楕円フーリエ解析は特定のランドマークを配置する必要がないため、このような問題を回避できるという利点がある。

では楕円フーリエ解析を用いると、どのような考察が可能だろうか。われわれが対象としたのは遠賀川式とよばれる弥生時代前期の土器である（柴田 2014; 田畑 2018; 藤尾 1999; 豆谷 2009）。この土器は弥生時代前期初頭に北部九州で成立し、弥生時代前期のあいだに愛知県や福井県の方まで拡散していったとされている。遠賀川式土器の特徴として、比較的シンプルかつ斉一な形態をもち、それでいて地域や時期によって微妙な差異がみられるという点が挙げら

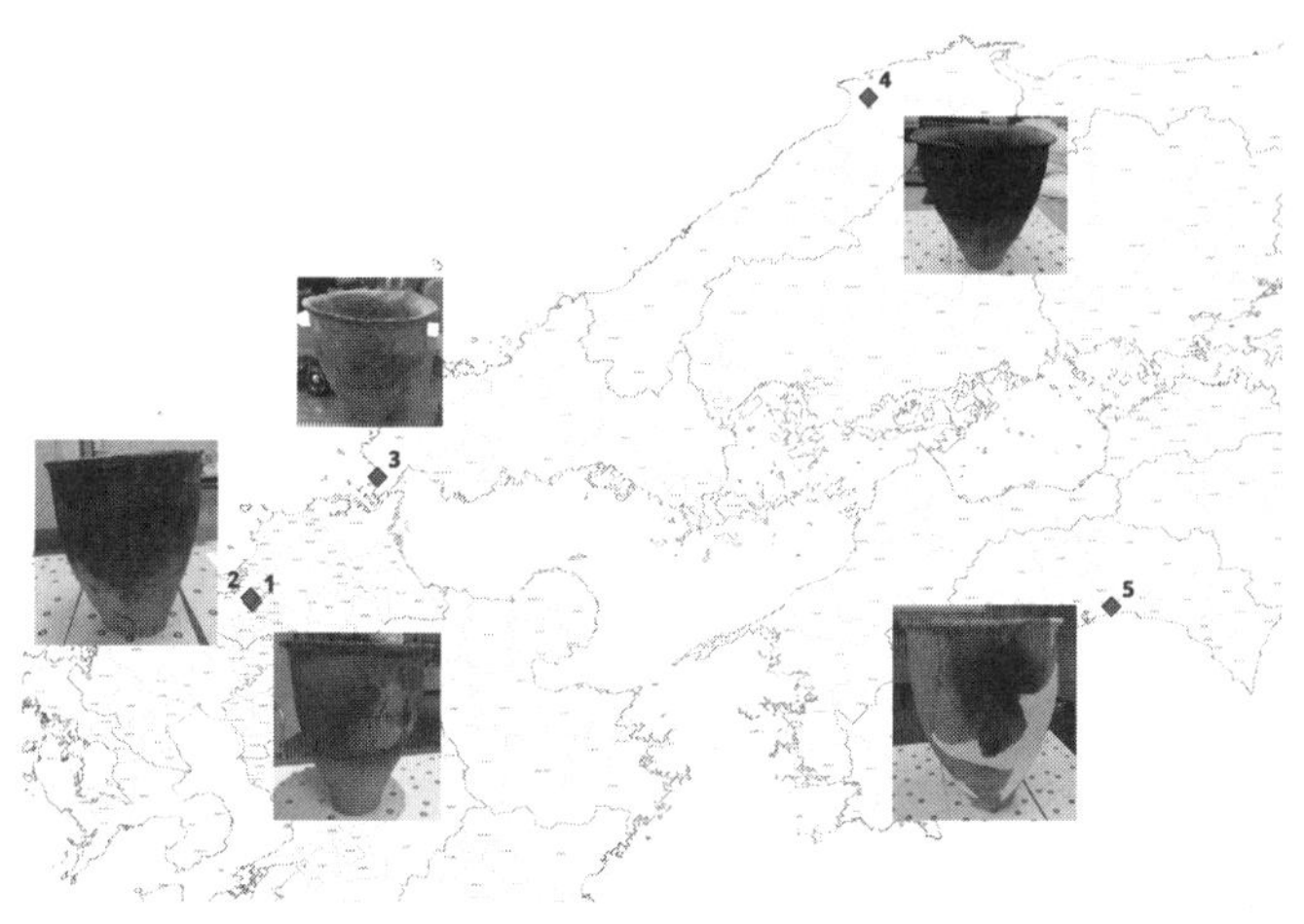

図４・８　野下他（2022b）で対象とした遺跡とその遺跡から出土した土器の写真。写真撮影はすべて中尾による。1. 板付遺跡、2. 雀居遺跡、3. 綾羅木郷遺跡、4. 矢野遺跡、5. 田村遺跡。地図の作成には本章ほか、特段の断りがない限り、国土地理院発行の白地図を用いてQGIS（3.34）によって作成。

れる。

図４・８に各遺跡の場所とその遺跡から出土した遠賀川式土器の写真を並べたが、どれもシンプルで、なおかつある程度の類似性と相違点をもった土器であることがわかるだろう。たとえば、若干外側に反るようなかたちをした口縁部に、刻み目とよばれる切り込みのようなものが入っているのが、遠賀川式土器によくみられる特徴である（正確には口縁部のどのあたりに刻み目が入っているかの違いもある）。

野下他（2022b）では、板付、雀居といった遠賀川式土器が成立したと想定されている地域と、綾羅木郷遺跡、田村遺跡、矢野遺跡といった、遠賀川式土器が比較的大量に出土している遺跡に関して、二次元の実測図に関する楕円フーリエ解析と、三次元データに関する球面調和関数を用いた解析をおこなった（田村他（2016）にも予備的な解析をおこなった結果が掲載されている）。

前者の二次元実測図に関する結果を紹介しよう（図4・9）。楕円フーリエ解析もRを用い、Momocs[3]（Bonhomme et al. 2014）というパッケージによって実行が可能である。具体的なコードなどは野下・田村（2017）や舘内（2021）を参照してほしい。特に舘内（2021）では実際の考古遺物に対する応用例と実際に使用されたコードなども公開されており、有用である。

まず、主成分分析によって、どのような変化がさまざまな土器の輪郭形状をうまく説明してくれるかがわかる。図4・9の一番上に、第一～第六主成分の特徴が示されている。第一主成分は口縁部下のくびれや縦方向の形状を捉えている。第二・四主成分は左右の歪みであり、第三種成分は胴部の丸みを主に捉えているようだ。第五主成分は口縁部下のくびれと胴部上半分の丸み（とそれに伴う底部付近の太さ）を拾っており、第六主成分もおおよそ同じである。

土器の楕円フーリエ解析の場合、このケースの第二・四主成分のように、実測図で表現されている左右の歪みを拾ってしまうことがよくある。第五章で紹介する甕棺の楕円フーリエ解析では、第一主成分でその歪みを捉えている。この左右の歪みの判断は難しいところだが、おそらく一般に土器は歪みがない左右対称を目指して製作すると想定されるため、こうした歪みは

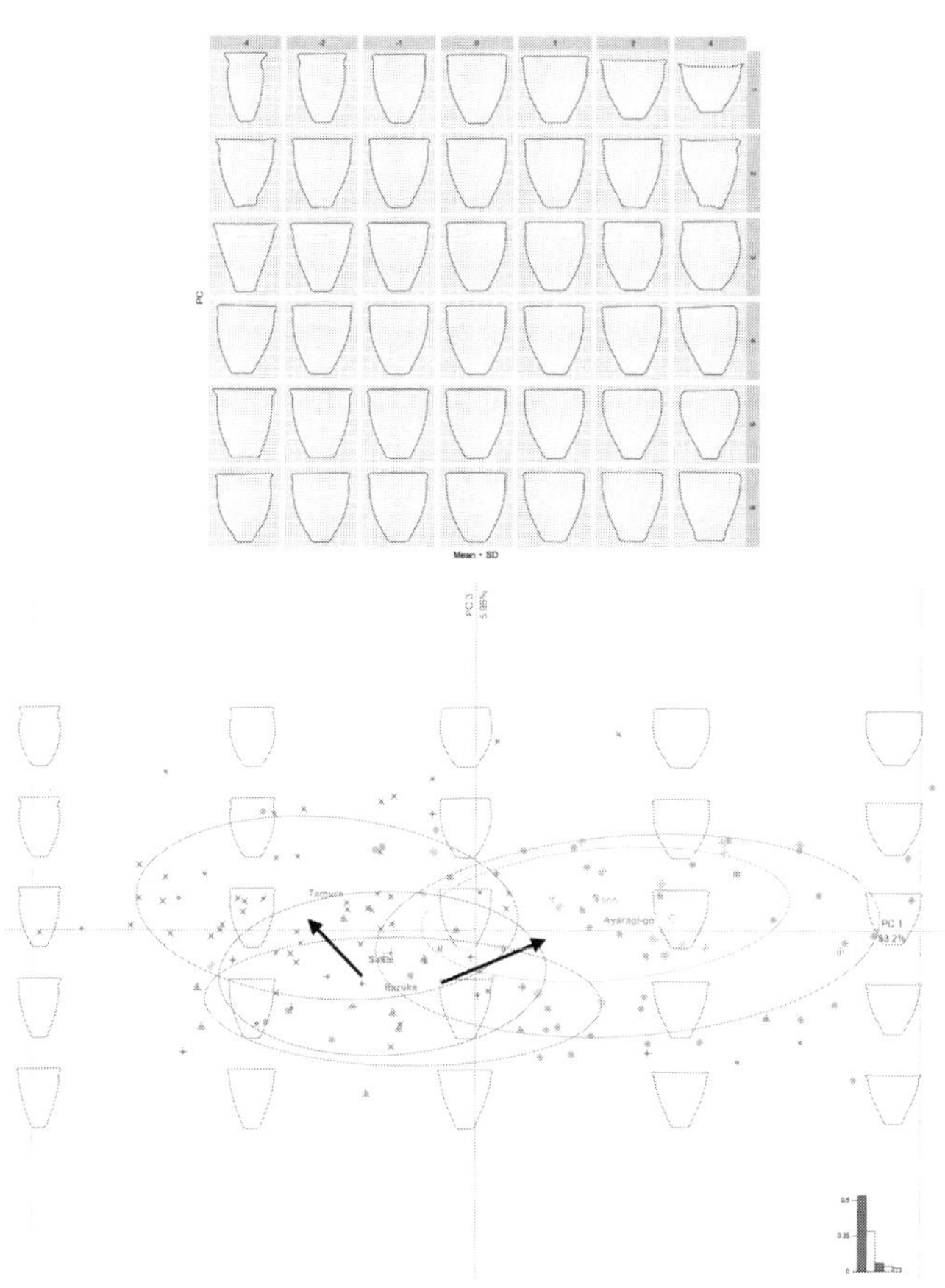

図4・9　遠賀川式土器の楕円フーリエ解析結果。上は各主成分が捉えている特徴、下が各遺跡出土土器の散布図。

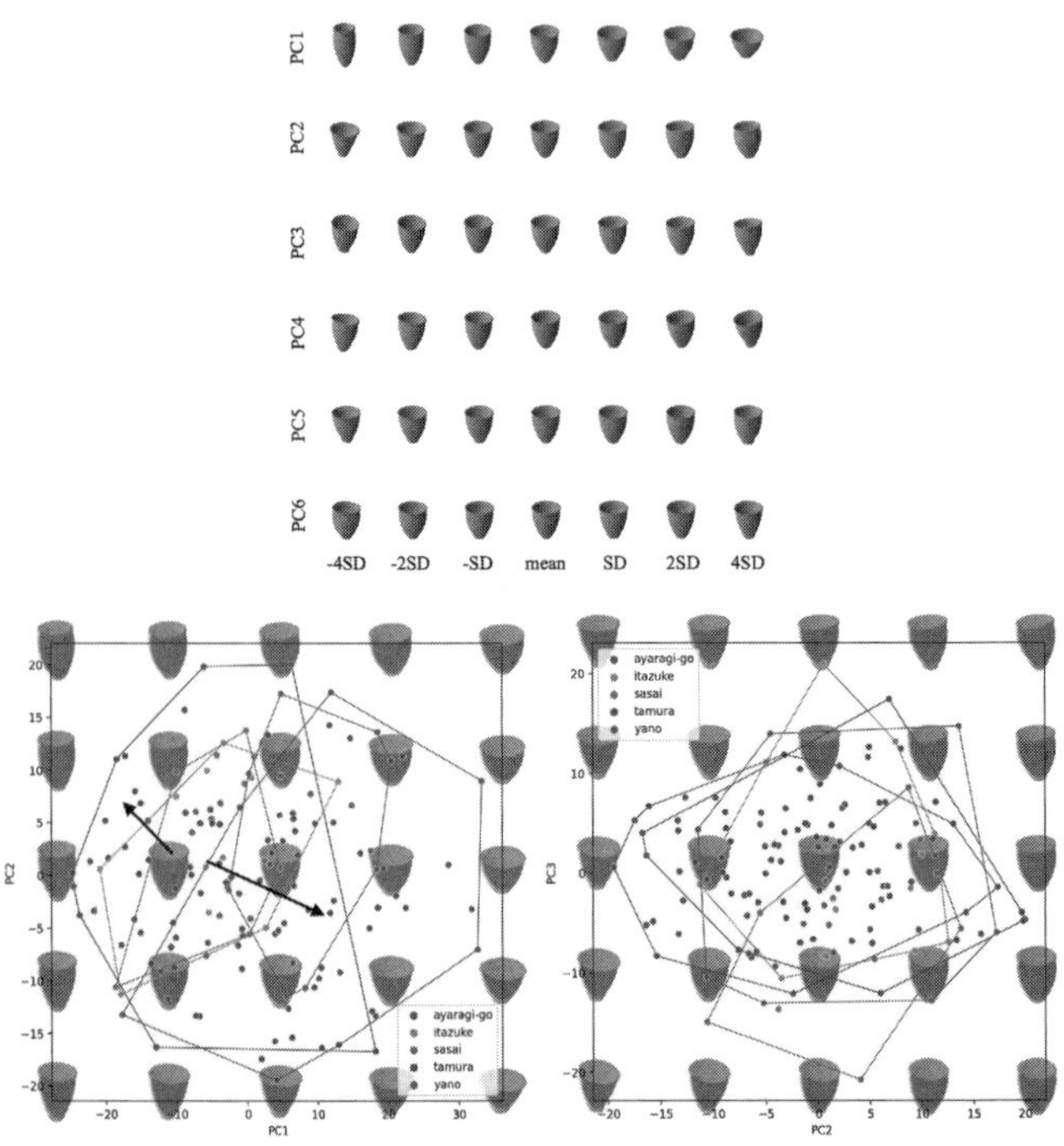

図 4・10　遠賀川式土器の三次元データを主成分分析した結果。上は各主成分が捉えている変化、下が各遺跡出土土器の散布図。

意図しないエラー（あるいはミス）としていったん棚上げして考察を進める（第五章も同様）。

第一主成分と第三主成分を遺跡別に分布状況を示したものが図4・9（下）の散布図である。この遺跡別散布図からは、板付・雀居遺跡といった遠賀川式土器成立地域から、田村遺跡と綾羅木郷・矢野遺跡方面へと続く別々の変化が示唆される。実際、弥生文化は日本海側ルートと太平洋側ルートに分かれて伝播していったと考えられており、もし土器形状の類似・変化関係が伝播関係を示しているならば、遠賀川式土器の伝播ルートもおおよそこの主張を裏づけているといえるだろう[4]。

また、本章執筆時点では未投稿だが、板付・雀居、田村、綾羅木郷、矢野遺跡以外で出土した遠賀川式土器についても、二次元・三次元両データの解析を終えている。こちらも先ほどの解釈と同様、日本海側ルートと太平洋側ルートに分かれて伝播していったという推測を裏づけるような結果になった。

では、話を三次元データの解析に移そう。三次元データの輪郭形状を定量化するには、球面調和関数（Spherical Harmonics）という数学的表現を用いる。これは二次元データで用いた周期関数の三次元版と考えてもらってよい。二次元データの場合はx軸とy軸方向だけでよかったが、三次元データでは加えてz軸方向の変化についても考えなければならない。このように考慮すべき要素が一つ増えるだけである。

残念ながら球面調和関数を用いた解析は、Rなどのパッケージが用意されておらず、少し手間がかかる（野下他（2022a；2022b）、また補遺2を参照）。

こうして定量化された三次元輪郭形状について、主成分分析をおこなった結果を概観していこう。図4・10には、楕円フーリエ解析同様、第一～第六主成分がどのような変化を捉えているのか、そして第一～第三主成分に関する遺跡ごとの分布が図示されていた。まずは各主成分の特徴をみていこう。第一主成分は、上下の高さや口縁部形状、そして口縁部下のくびれ（とそれに伴う胴部の丸み）などを捉えている。第二主成分は横方向の傾きと胴部の張り出し具合を、第三主成分は上下軸の歪みを拾う。第四主成分も回転軸周りの対称性を捉えており、第五主成分は胴部の丸み、第六主成分もほぼ同じような特徴を拾っている。

二次元と三次元の解析結果を比較すると、第一主成分は両者ともほぼ同じ特徴を捉えており、二次元の第三主成分と三次元の第二主成分がおおまかには似た特徴を拾っているようにみえる。実際、両次元データ解析結果の第一主成分どうしを比較すると、おおよその土器で対応関係があった（野下他 2022b, p. 76）。

では、遺跡ごとの分布をみていこう。第一主成分は二次元の場合とほぼ同じ特徴を拾っているせいか、やはり二次元と同様、板付・雀居遺跡から田村遺跡、綾羅木郷・矢野遺跡方面へと別々の変化がみてとれる。これは先ほどと同様に、土器形状の類似・変化関係からその伝播関係が推測できるとすれば、遠賀川式土器も他の弥生文化と同様に、日本海と太平洋という別ルートを経由して伝播していったと推測できる結果になった。

しかし、特に第二主成分は二次元データ解析の場合とは少し異なる結果であり、それが図4・10（右下）の散布図に反映されたのかもしれない。第二主成分だけをみると、先述した伝播プロセスの推測は不可能である。第二主成分が捉えた特徴をどう理解すればよいかは正直まだわからない。現状でいえることは、遠賀川式土器についても、一般的に想定されている弥生文化伝播ルートに沿って伝播していた可能性が、二次元データと三次元データの解析結果における、第一主成分によく反映されていると考えられる、ということだろう。

4・4 考古・人類学データの時空間動態を明らかにするということ

ここまで、古人骨および遠賀川式土器について、そのかたちを幾何学的形態測定学の手法によって定量化し、地域や時期を超えたパターンを見出そうとする研究を紹介してきた。こうした手法の強みの一つは、類似関係や相違点などといった対象どうしの近さや遠さを数値化できることにある。

これまでの手法であれば、たとえば型式分類で注目されるような特徴を選び出し、その特徴が異なる遺跡でどれだけ共有されているかを検討することが多かった。遠賀川式土器でよくいわれる刻み目の場所、沈線（口縁部の下に線が何本か加えられる）、あるいは段（口縁部下で、土器の胴部に段差がつけられる）の有無などは、まさにこうした特徴である。ただ、こうした方法では「Aという遺跡ではBという特徴をもった土器が比較的多く出土するので、同じBという特徴をもった土器が主体をなす遺跡Cと遺跡Aのあいだには交流関係があったのだろう」というような、定性的な考察が中心になってしまう。

もちろん、こうした定性的考察が重要でないというわけではない。たとえば、和歌山県の御坊市歴史民俗資料館を訪れた際、東海で出土する土器の特徴をもった土器が御坊市の遺跡でも発見され、そこから御坊市と東海地方とでなんらかの交流があったという推測がパネルで展示されていた。御坊市と東海地方を地図で確認すると、両者の真ん中には紀伊山地が大きく立ちはだかっている。東海から陸路で御坊にたどり着くのはかなり大変であり（現在ですら三重から吉野を突っ切って和歌山へ到達するルートは相当にやっかいである）、この展示を見たときは驚いた記憶がある。しかし海や川を使えば、もっと楽に交流できたかもしれない。遠賀川式土器もまた、四国から和歌山、そして和歌山から東海へと、海路を通じて伝わっていったのだろうか。

交流関係の有無だけなら、縄文時代でさえ相当な遠距離で想定されており（福永 2020；矢野

図4・11　左から兵庫県神戸市本山遺跡（神戸市埋蔵文化財センター蔵）、山口県下関市綾羅木郷遺跡（下関市立考古博物館蔵）、福岡県福岡市板付遺跡（福岡市埋蔵文化財センター蔵）出土遠賀川式土器。本山遺跡の土器には段と刻み目が、綾羅木郷遺跡の土器には刻み目と沈線が、板付遺跡の土器には刻み目のみが施されている。

2016）、それだけでは検討として不十分な場合も少なくない。御坊市と東海地方のあいだで交流があったとして、では実際にどの程度の交流がおこなわれていたと考えられるのだろうか。そこで、先述したようにBという特徴をもった土器の出土数や出土割合などから、遺跡AとCの交流頻度を数値で表現できる可能性がある。これと同じように（注（1）で述べた仮定がある程度正しいとすれば）、かたちの類似度を定量化することによって、遺跡間交流の程度や遺跡の同士の影響関係についてもある種の定量化が可能になる。

この定量化が可能になれば、次はたとえば遺跡間の距離との関係を考えられるかもしれない。遺跡AとC、そして遺跡AとDについて、距離の近さと土器の類似度が比例しないようであれば（遺跡間の距離が遠いにもかかわらず土器の類似度が高い、など）、それは交流・影響関係の強さを示唆していると解釈できそうである。

このように、定量化はさまざまな視点をうまく比較したり、総合したりするときに役立つ。もちろん、刻み目の場所や有無といった特徴によって、出土土器の近さ・遠さを考慮しなければならないときもある。またここまで述べてきた幾何学的形態測定学が対象にしている輪郭形状は、これら個別の特徴ではなく、全体のプロポーションに注目している。したがって、両者は排反ではなく、互いの長短所を踏まえながら、最終的には統合的に検討されるべきものである。

古人骨の場合も同様に、古人骨形質の時空間パターンだけでは、先史時代・古代の人間集団のさまざまな特徴すべてを明らかにできるはずもない。実際、頭蓋の前後長が短い・長いというだけでは、集団ごとの類似度や、そこからの交流関係、移動・移住が推定できるくらいである。考古遺物に関するさまざまな研究とあわせてはじめて、古人骨から得られた時空間パターンは適切な解釈が可能になる（逆もしかりである）。

次章では、考古学データと人類学データを統合し、両者のパターンからどのようにプロセスを検討できるのかを述べていきたい。

注

（1）フォーマルな理解についてはDryden & Mardia（2016）やZelditch et al.（2012）などの教科書、あ

るいは野下・田村（2017）、野下他（2022a; 2022b）、三中（1999）なども参照してほしい。

（2） R を用いてランドマークを配置する場合、かなり正確にメッシュ上の点を選んで右クリックしないと、三次元モデルの裏側にある点を選んでしまう。より精緻なデータで解析をしたいと思っても、この点がかなり面倒なハードルになる。

（3） 原稿執筆（二〇二三年一一月初頭）時点で、Momocs が CRAN というさまざまな R のパッケージが置かれているレポジトリから削除されていた。もしインストールしたい場合は、アーカイブを検索し、そこから tar.gz ファイルをダウンロードしてインストールしてほしい。その際、関連パッケージのインストールも要求されるかもしれないが、それも geomorph などのインストールと同様、随時 R Studio からおこなうか、あるいはアーカイブを検索するなどしてほしい。原稿執筆時点では、rgeos というパッケージのみ、アーカイブから tar.gz ファイルを検索してインストールする必要があった（それ以外はすべて R Studio 経由で CRAN からダウンロード可能であった）。

（4） この仮定をもっとていねいに記述するならば、似たような形状をもった人工物ほど、近い先祖・子孫関係をもっているはずであり、その先祖・子孫関係をたどっていくことにより、人工物の伝播関係も推測できるはずだ、という仮定になるだろう。もちろん、この仮定も直感に依拠したものにすぎず、ある程度の再検証が必要であることはいうまでもない。

第五章　文化の進化パターンとプロセスをつなぐ

田村光平・中尾 央

甕棺の三次元計測を試みる編者ら

前章までに、さまざまな考古・人類学遺物の三次元データについて、幾何学的形態測定学によってどのようにパターンが考察できるかを紹介してきた。本章では、こうしたパターンから、その背後にあるプロセスをどのように検討するか述べていく。ただし三次元データを直接の対象にしたプロセスの考察はまだ十分ではないため、本章での紹介事例は主に二次元データや、あるいは考古・人類学遺物の出土数などを踏まえた考察になる。

5・1　遺物のかたちから考える

モノのパターンは実に多様だ。図5・1は弥生時代の北部九州、それも弥生時代前期後半から後期初頭を中心に、埋葬具として用いられた甕棺とよばれる土器である。サイズはもっとも大きなもので一三〇センチメートルを超え、実物を目の当たりにするとどうやって運んだのか不思議になる。

甕棺を含め、特に土器は時期によってかたちのパターンが大きく変化する。図5・2には時期ごとの典型的な甕棺のかたちについて、二次元の実測図を並べた（考古学ではかたちの分類群を型式とよぶ）。この型式分類にしたがうと、KⅠa～KⅠcが弥生時代前期後半、KⅡa～KⅡcが中期前半、KⅢa～KⅢcが中期後半、KⅣが後期に製作されている。前期後半の甕棺

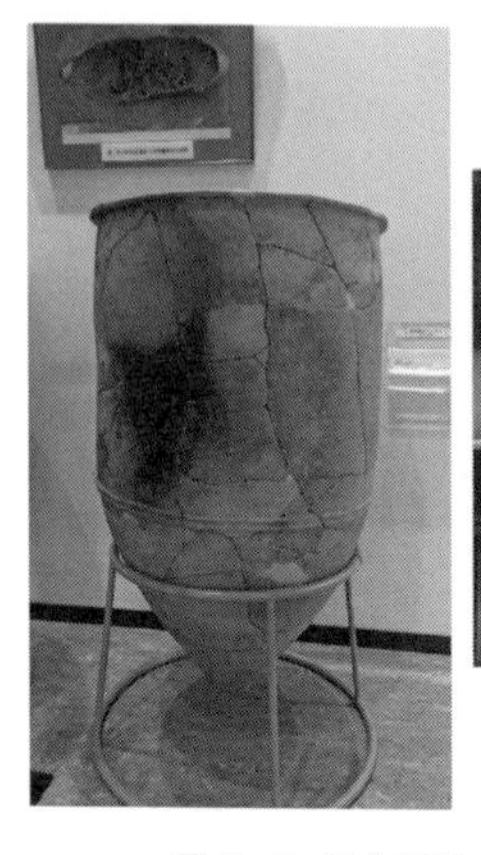

図5・1　弥生時代中期後半の甕棺（筑紫野市歴史博物館所蔵）。

は比較的まだ壺に近いかたちをしており、中期前半になって壺らしさがなくなり、甕とよべるかたちへと変化する。また中期前半の後葉になると大型化が進み、中期後半に入ると（脚を折り曲げたりすれば）一つの甕棺に大人一人が収まるくらいのサイズ（一〇〇〜一三〇センチメートルほど）になっていく。

ではどうしてこのようなかたちのパターンが形成されたのか。この「どうして」「なぜ」の理由が、プロセスである（第四章も参照）。パターンを見出し、その背後にあるプロセスを説明することが、進化の研究にほかならない。たとえば、以下で述べるような幾何学的形態測定学による分析のみでは答えられない問いとして、甕棺サイズが「なぜ」徐々に巨大化していったのだろうか、を考えることにする。

この問いには、いろいろな回答が可能である。サイズの大型化は、もしかすると機能的、言い換える

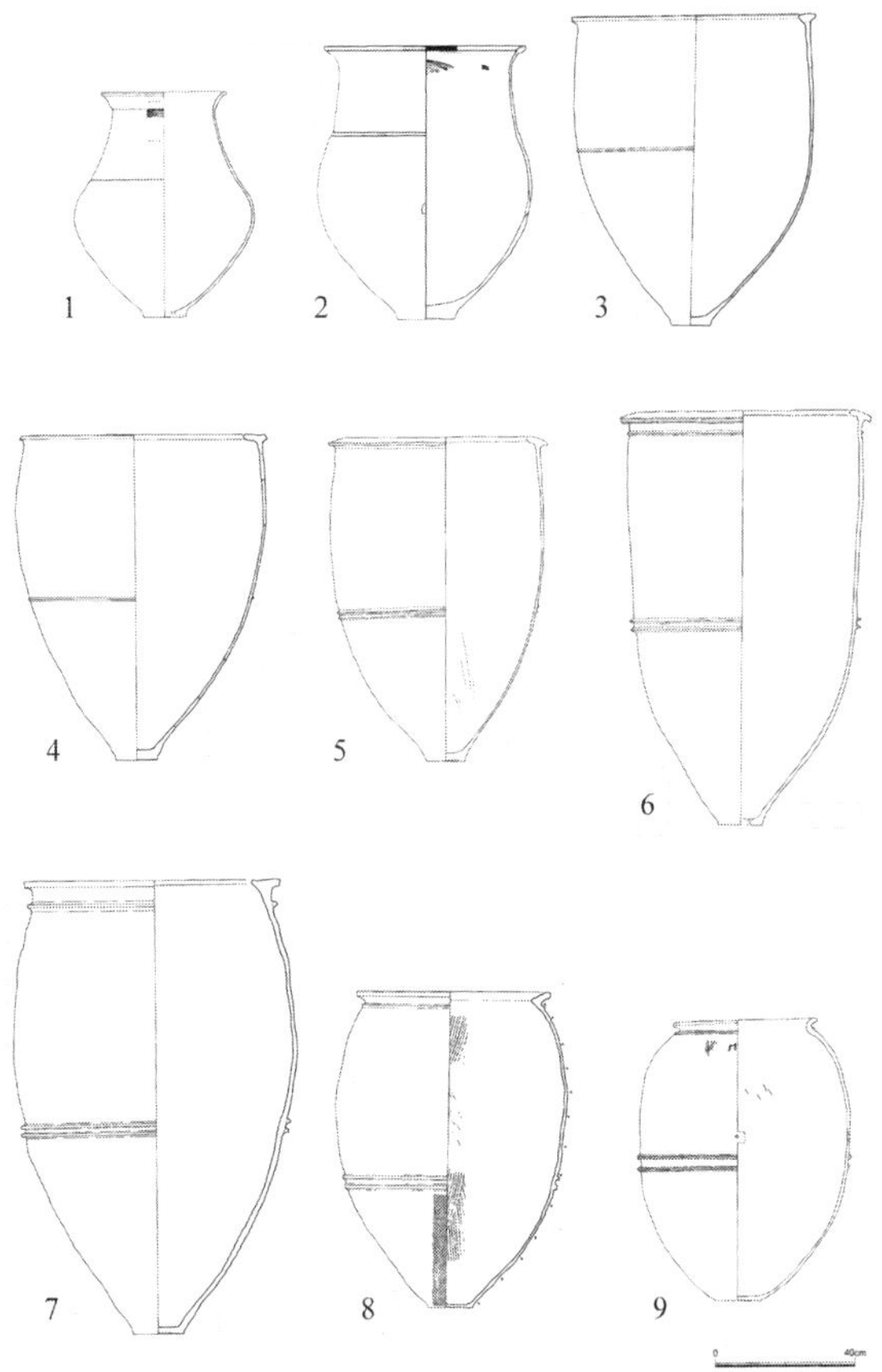

図5・2　甕棺型式の時間的変遷。1. KIa-KIb：下月隈天神森遺跡12号（福岡市教育委員会1996）、2. KIc：中・寺尾遺跡（大野城市1978）K5下、3. KIIa：ハサコの宮遺跡K7下（福岡県教育委員会1979）、4. KIIb：ハサコの宮遺跡K11下(Ibid.)、5. KIIc：東入部遺跡XIV K0034（福岡市教育委員会2012）、6. KIIIb：門田遺跡 K41（福岡県教育委員会1978）、7. KIIIc：門田辻田遺跡K10（福岡県教育委員会1978）、8. KIV：東入部遺跡XIV K0114（福岡市教育委員会2012）。

なら何かの役に立ったのかもしれない。前期後半～中期初頭の甕棺は、二つ以上を組み合わせなければ大人でも収まらないくらいのサイズ（おおよそ六〇～八〇センチメートル程度）であった。これでは不便なときもあるだろう。サイズを大きくして、甕棺一つで人を埋められるようにした方が、効率が良いと考える人がいてもおかしくない。

主に中期前半後葉（KⅡc）以降、大型の甕棺は単独で用いられ、そこに蓋として鉢型土器などが使用されるようになった。しかし大型になればなるほど、持ち運びに苦労する。甕棺を再現した土器を持たせてもらったことがあるのだが（そして持ち上げるのに失敗して、見事に破壊してしまった）[1]、とうてい一人で運べる重さではなく、もっと小型の甕を二つ使った方が効率的ではないかと思わせるほどであった。とはいえ、六〇～八〇センチメートルの甕を二つ運ぶことと、一〇〇センチメートル以上の甕を一つ運ぶことを比較して、どちらがどの程度、効率的といえるのだろうか。なかなか難しい。製作地が近ければ大きさより数を優先したくなりそうだし、考慮すべき問題や条件、前提も相当数ありそうで、どの説明が一番もっともらしいかをどのように決めればいいのか、それもそう簡単ではない。

では、甕棺型式の時間的パターンが形成された理由、すなわちプロセスはどのように検討すればよいのだろうか。可能なアプローチの一つは、こうしたパターンと関連し、一定の妥当性をもった理論やモデルを取り上げ、その理論やモデルからの予測と甕棺パターンを照らし合わせ、さまざまな理論やモデル、仮説の妥当性を問う方法である。

考古学者なら誰しもわかるように、ルイス・ビンフォードが目指したあの「仮説演繹法」が、こうしたアプローチの一例だといえる（Binford 1962）。ビンフォード自身の狙いがどこまで成功したか、あるいはビンフォードの試みが他分野における「仮説演繹法」と同一といえるのかについては判断を避けるが、こうしたアプローチが考古学でも十分役に立つことはまちがいない。少なくとも、前提を明らかにし、かつ対立する（あるいは別のありうる）仮説をていねいに検討できるという点では、十分魅力的なアプローチである。

Nakao（2023）では、特に三国丘陵地域の甕棺を取り上げ、その形状パターンを楕円フーリエ解析で検討している。[2] 三国丘陵地域は、図5・3に示された地域で、宝満川流域を中心とする、現在でいえば福岡県筑紫野市、小郡市、筑前町、佐賀県鳥栖市などを含むエリアである。この地域では弥生時代中期前半後葉〜後半前葉に集中して受傷人骨が出土し、この時期になんらかのかたちで争いが起こったと想定されている（中尾・田村・中川 2022；橋口 2007；松木 2017；Nakagawa et al. 2017；Nakagawa et al. 2021）。

では、この争いと甕棺の形状パターンはどのようにかかわるのだろうか。この関係を考える一つの候補となりうるモデルが、偏狭な利他性（parochial altruism）の進化モデルである。偏狭な利他性とは、同集団メンバーへの協力と、集団外メンバーへの敵意の両方から構成される。

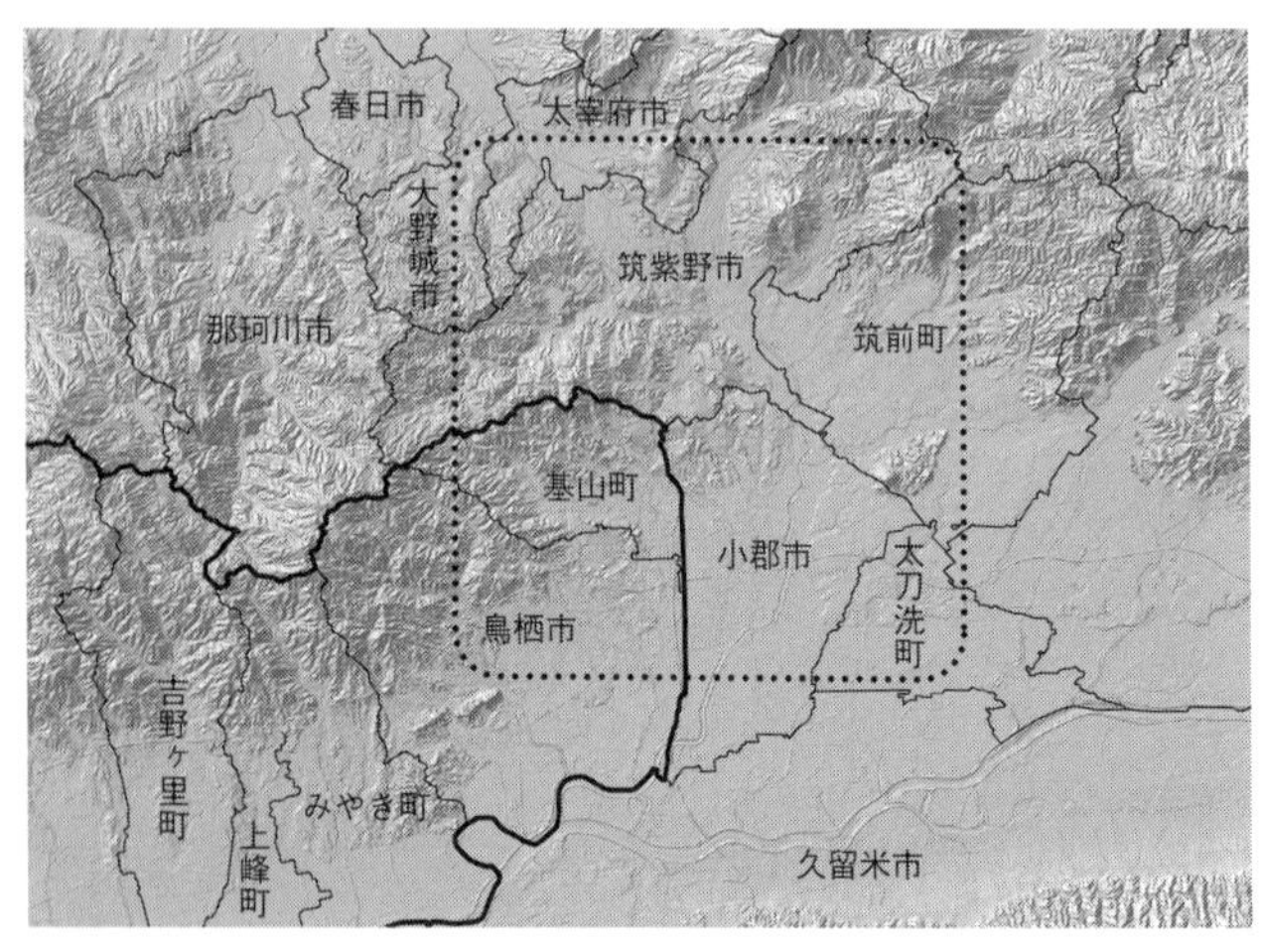

図5・3　三国丘陵地域。地図の作成には国土地理院地図の陰影起伏図および白地図を用いた。三国丘陵は宝満川（およびその支流）が中心を流れる丘陵地域であり、現在の地図で見ても平地部はかなりせまいことがわかる。明治期の地図では丘陵部分がさらに広く、平地部はもっとせまかった。現在平地になっている部分は、多くが丘陵を切り開いたものである。

一部の研究者によれば、この二つが、狩猟採集生活における集団間紛争を選択圧として、進化してきたという（Bowles 2006, 2009; Choi & Bowles 2007; Bowles & Gintis 2011 など）。この説はさまざまな分野で注目を浴び、心理学、人類学、そして考古学などでも検討が続いている（中尾・田村・中川 2022 など）。

もしこの説が正しいのであれば、次のように予測できる。集団間紛争が偏狭な利他性の進化にとっての選択圧であれば、集団間紛争が起こっている場所では、同集団メンバーへのひいきと集団外メンバーへの敵意が、そうでない場所よりも強くみられるはずである。こうした同集団メンバーへのひいきと集団外メンバーへの敵意は、もしかすると考古遺物にも反映されるかもしれない。たとえば、同集団メンバーへのひいきと集団外メンバーへの敵意が高まることで、集団内の文化的まとまりが大きくなり、集団間の文化的差異が大きくなる。こんな可能性が考えられるだろう。

ここでようやく、甕棺の形状パターンに話を戻せる。集団間の文化的まとまりと集団間の文化的差異を、甕棺形状から読み取ることができれば、この予測の検証が可能になる。実際、甕棺のような埋葬具は、先述した機能的な側面よりも、集団の社会的なアイデンティティを反映させると考えられることが多く（溝口 2022 など）、こうした点でも先の予測をたしかめるために、甕棺形状は適しているといえる。

こうした予測と仮定を踏まえたうえで、Nakao（2023）は三国丘陵で出土したＫⅡｂからＫⅢｂまでの甕棺、総数一三九四個について楕円フーリエ解析をおこなった（楕円フーリエ解析の手順については第三章を参照）[3]。対象となる遺跡および甕棺の総数などは、図５・４を参照してほしい。結果は図５・５に図示した。

各主成分が捉えた特徴を確認しておくと、第一、四、六主成分はどれも主に左右差を拾っている。これはおそらく、作成者が意図した変化ではない（＝意図していないミス）と考えられるため、今はいったん棚上げしておきたい（第三章参照）。第二主成分は胴部の幅および口縁部

	KIIb	KIIc	KIIIa	KIIIb	Total
筑紫野市	34	18	36	22	110
筑前町	36	61	26	1	124
小郡市	114	165	27	35	341
鳥栖市	216	438	91	29	774
Total	400	682	180	87	1349

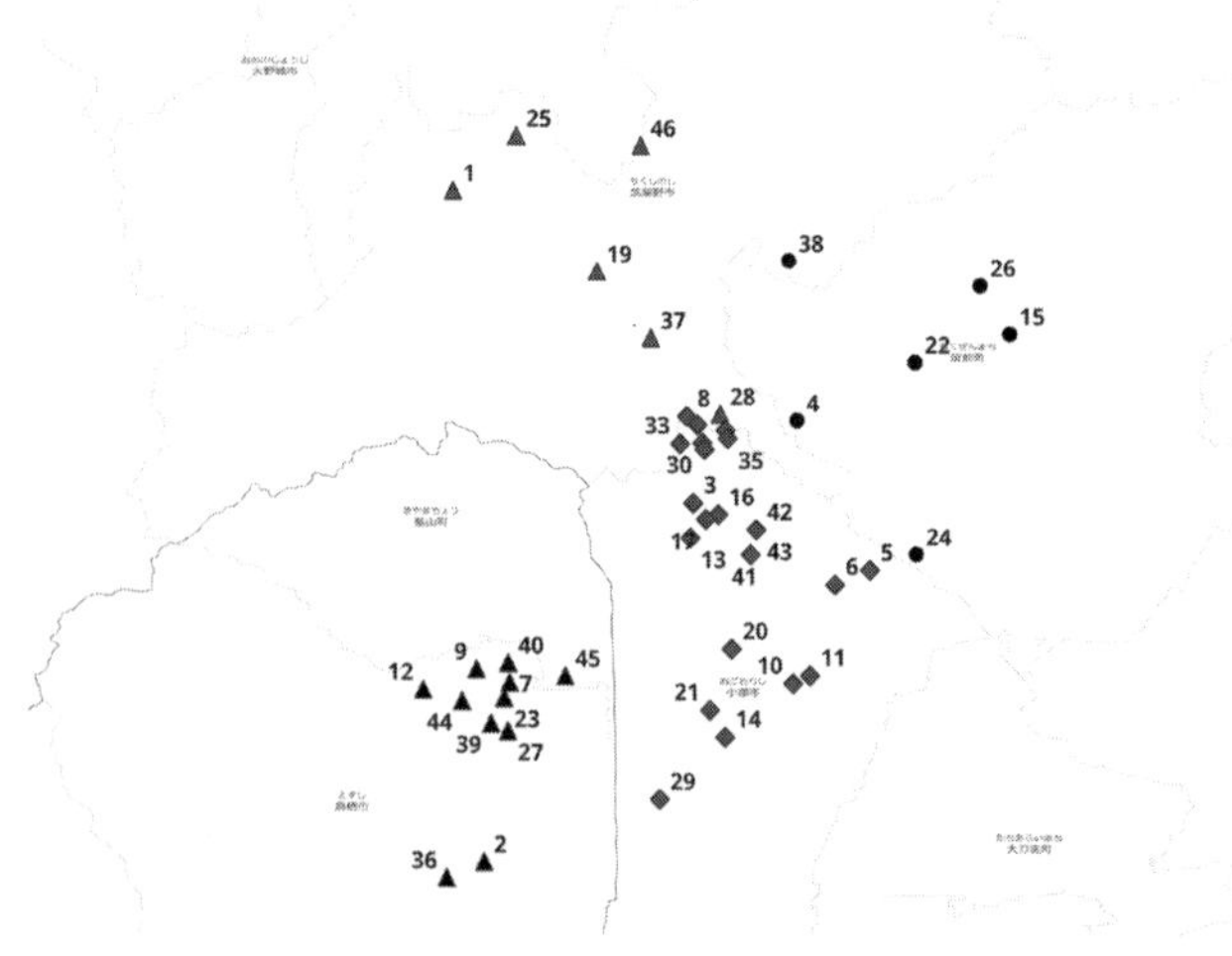

図5・4　対象とした遺跡および甕棺の総数。遺跡名は順に 1. 道場山遺跡、2. 藤木遺跡、3. ハサコの宮遺跡、4. 東小田峯遺跡、5. 干潟遺跡、6. 干潟下屋敷遺跡、7. 平原遺跡、8. 池の上遺跡、9. 今町梅坂遺跡、10. 井上廃寺、11. 井上北内原遺跡、12. 神山遺跡、13. 北牟田遺跡、14. 小板井ぐうてんさん遺跡、15. 琴ノ宮遺跡、16. 三沢蓬ヶ浦遺跡、17. 三沢北中尾遺跡、18. 村田三本松遺跡、19. 永岡遺跡、20. 大保横枕遺跡、21. 大板井遺跡、22. 大木遺跡、23. 大久保遺跡、24. 城山遺跡、25. 修理田遺跡、26. タコシ遺跡、27. 田代天満宮東方遺跡、28. 天神遺跡、29. 寺福童遺跡、30. 津古東宮原遺跡、31. 津古空前遺跡、32. 津古牟田遺跡、33. 津古大林遺跡、34. 津古狸原遺跡、35. 津古土畑遺跡、36. 内畑遺跡、37. 矢倉遺跡、38. 山家遺跡第3地点、39. 安永田遺跡（282区）、40. 八ツ並金丸遺跡、41. 横隈上内畑遺跡、42. 横隈狐塚遺跡、43. 横隈狐塚遺跡7、44. 柚比本村遺跡、45. 柚比梅坂遺跡、46. 柚ノ木遺跡。

幅とその下のくびれを捉えており、第三主成は胴部の丸み、第五主成分は胴部下半分の細さと口縁部形状を主に拾っている。おおよそどの時期も第六主成分までで寄与率は七五パーセントを超える。

市町村ごとに甕棺形状（第二主成分と第三主成分）を散布図にプロットすると、図5・5（下）のようになる。KⅡbの時期はどの市町村もほとんど同じような分布だが、KⅡc以降、様子が変わってくる。KⅡcには筑紫野市のみが第二主成分において固まるようになり、KⅢa以降はサンプル数が減ってしまうこともあるが、地域ごとでのばらつきがやや大きくなっているようにみえる。

サンプル数の大小や、本当に発掘された資料が当時の姿をうまく表せているかどうか（発掘はすべての地域でまんべんなくおこなわれてはいない）という問題はありつつも、ひとまずこの結果はある程度信頼できるとしておこう。そうするとKⅡc以降、市町村という現在の地理的くくりではあるものの、社会的まとまりに関する一定の変化が生じている。実際、筑紫野市には北部九州でも最多の受傷人骨がKⅡc期以降に出土する隈・西小田遺跡がある（ただし残念ながらこの遺跡の甕棺は実測図が正式に報告されておらず、今回の解析自体には含めていない）。こうした社会的変化が、集団のまとまりになんらかの影響を与えたがゆえに、甕棺の形状に変化があったのかもしれない。そして、他地域でも受傷人骨は出土しており、それが原因となって

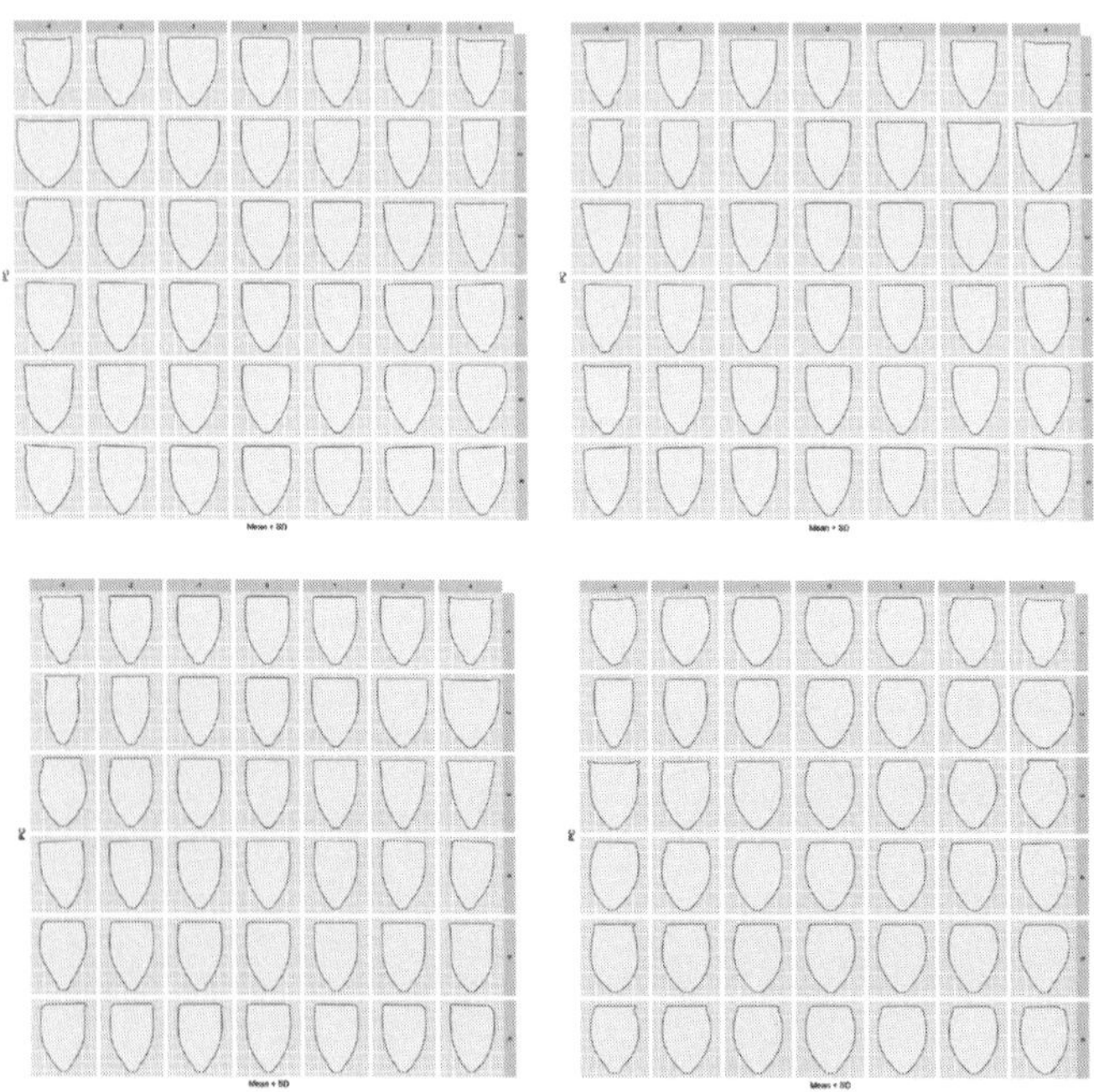

PCs/Types	KIIb	KIIc	KIIIa	KIIIb
PC1	66.5	63.2	57.2	70.8
PC2	21	25.7	27.1	13.2
PC3	4.4	3.3	5.8	5.8
PC4	2.7	2.4	3	2.5
PC5	1.5	1.3	1.8	2.1
PC6	0.8	0.8	0.8	1.1

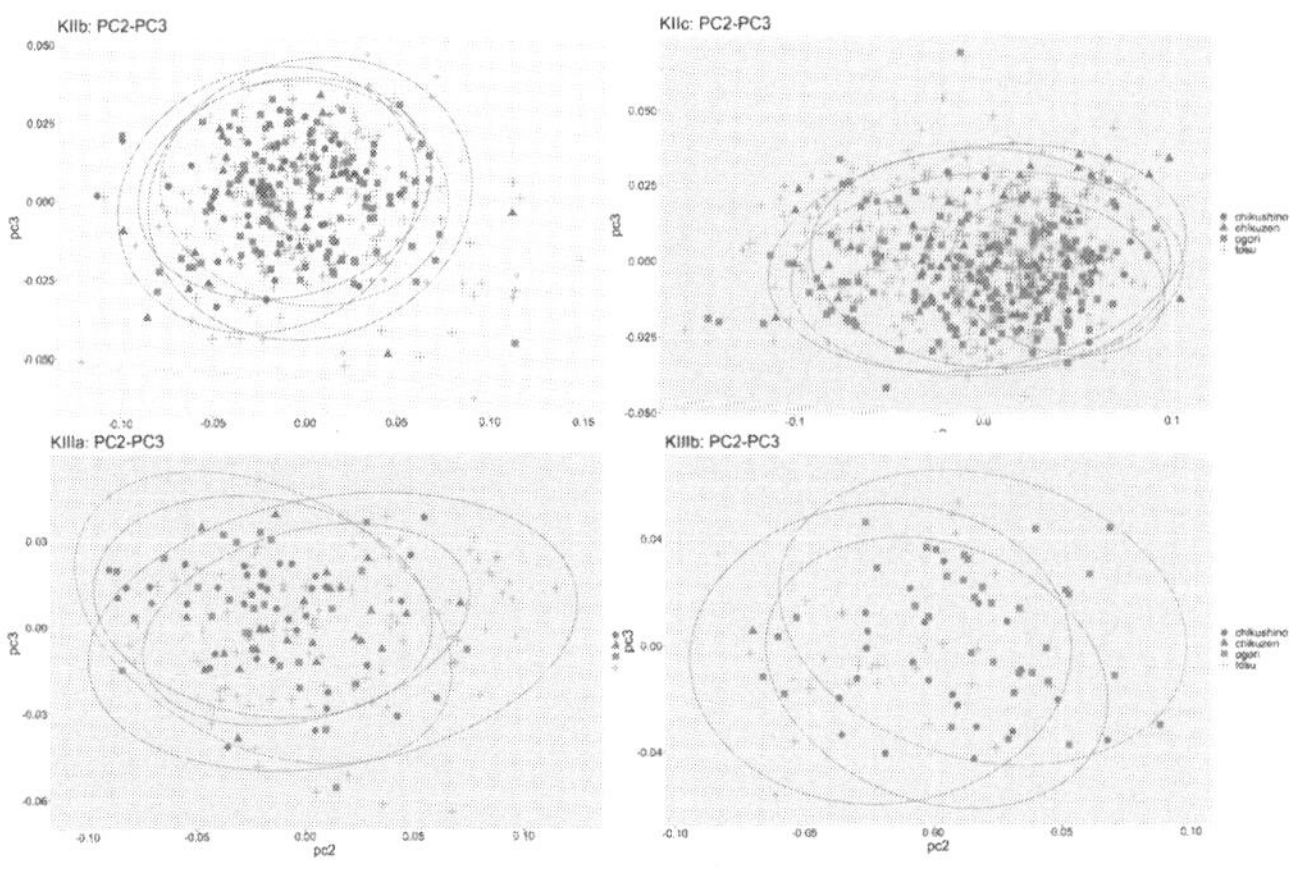

図5・5　甕棺形状の楕円フーリエ解析結果。右頁上から各主成分が捉えている特徴（左上から右の順にＫⅡb、ＫⅡc、ＫⅢa、ＫⅢb）、右頁下が累積寄与率、左頁が各市町村でのＫⅡbからＫⅢbまでの第二主成分と第三主成分の散布図。

ＫⅢａ期以降は他地域でも甕棺形状が集団間で大きな差異をもたらすようになっていった可能性が考えられる。

この理解が正しいとすれば、偏狭な利他性の進化モデルから導かれた予測が、ある程度は裏づけを得たということになる。それはつまり、大元のモデルも一定の支持を得たことにつながる。しかし、この理解にもいくつかの注意が必要である。まず、偏狭な利他性の進化モデル自身は、先史時代の狩猟採集民における、集団間紛争を選択圧として想定していた。先の事例は弥生時代という先史時代の農耕社会を対象としているので、このモデルがもともと想定していた文脈とは異なる。それでも集団間紛争がなんらかのかたちで、集団内のまとまり強化と集団外への敵意増長につながりそうだという点については、直感的にもありうることにも思え、また考古データからも一定の裏づけは得られそうでもある。

また、この検討では偏狭な利他性の進化モデルの予測と甕棺データの整合性を考察したのみであり、他の仮説や解釈を排除するものでもない。たった一つの仮説が、ある程度もっともらしいということはいえたとしても、それが他の仮説「よりも」たしからしいかどうかはまだわからない。だからこそ、理論やモデルがコミュニティのなかで多数共有されていることが望ましい。

こういった留保はありつつも、なんらかのプロセスにかかわる理論・モデルから、パターンの予測を導き出し、その予測されたパターンと実際の考古・人類学パターンとの一致を探るというアプローチがいかに可能かについては、これらの例からもわかるだろう。ほかにも、第四章で紹介した人骨の事例からプロセスとの関係を考察することができる。Nakao et al. (submitted) では、古墳時代の古人骨について幾何学的形態測定学による検討をおこない、一定の地理的勾配がみられることを明らかにしている。しかし、この地理的勾配が古墳時代中期には消えてしまう点は、第四章で指摘したとおりである。ここで甕棺形状と同様、古墳時代における集団間紛争（いわゆる戦争）との関連を検討することもできる。

一般に、古墳時代には戦争があまり起こっていないと主張されることが多い（松木 2007；

2017)。もし日本で戦争が起こっていなかったとすれば、国内では地域間・集落間の対立も少なく、人的移動も比較的さかんであったと予測できる。古人骨形状の類似度が集団間のやりとりを反映していると仮定できれば、古人骨パターンからこの予測を検証できる。実際、古墳時代の古人骨の時空間動態をみる限り、何かしら激しい争いが起こって、地域間・集落間で孤立するような状態はほとんどなさそうだった[4]。このように、古人骨形状パターンについても、そのパターンを生みだすであろうプロセスに関して、なんらかの予測を立てて検証し、解釈することが可能になる。

このパターンとプロセスの関係性は、最終的にはもう少しフォーマルに検証されなければならない。集団間紛争がどの程度であれば、どれくらいの集団内のまとまりと集団間の文化差が生じ、またどの程度の集団移動の阻害がありうるのか、シミュレーションや数学的モデルを構築し、検証する必要がある。次節では、パターンとプロセスの関係について、この方向をあと一歩進めた研究を紹介しておこう。

5・2　遺物の数から考える

弥生時代北部九州は、何かしらの集団間紛争が起こっていたと想定されることが多い。その

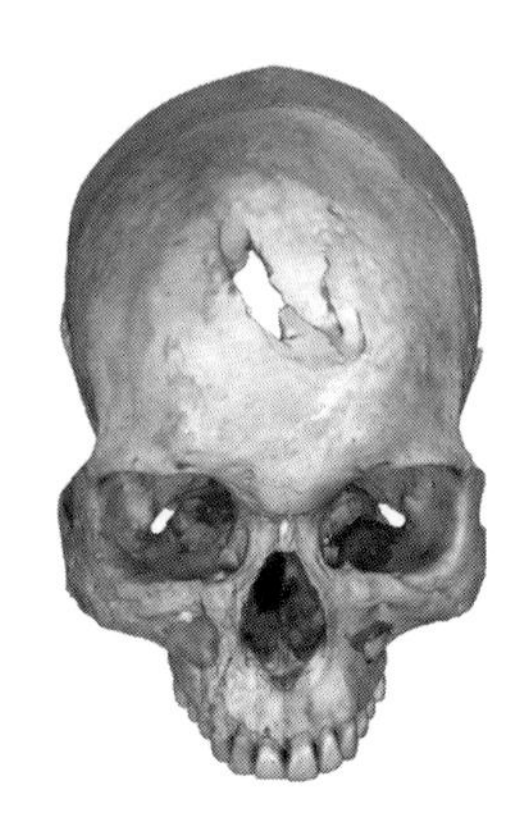

図5・6　隈・西小田遺跡第10地点159号甕棺埋葬人骨の三次元モデル（筑紫野市歴史博物館所蔵）。頭頂部に大きな傷が見られる。

際たる証拠として取り上げられるのが、多数出土する受傷人骨であった。もっともわかりやすい例を図5・6に示した。頭部に大きな穴が空いた古人骨である（筑紫野市の隈・西小田遺跡出土）。石斧のような鈍器によって頭を殴打されて穴が空き、この傷が致命傷になって亡くなった人骨と考えられている。というのも、この傷を受けた後も生き延びていたとすれば、通常は骨増殖という治癒痕跡があるはずだが、そうした痕跡はないからである。また、骨の割れ方からも、死ぬ直前／直後（＝死後しばらくして骨が乾燥している状態ではない）の傷であることが推測される。こうした骨の状態から、石斧などを用いたなんらかの暴力的行為により、亡くなった人だと推定できるのである。

こうした受傷人骨が、特に弥生時代中期には北部九州で多数出土する。表5・1に弥生時代における総出土人骨数と受傷人骨数をまとめた。弥生時代中期は特に人骨数が増えたが、受傷人骨の数も相当な数に上る。こうした出土受傷人骨の数ゆえに、弥生時代（特に中期の）北部九州は、集団間紛争、いわゆる戦争が起こっていたと考えられている（松木 2017；橋口 2007；

表５・１

	合計	大人	受傷人骨
早期	27	25	6
前期	233	156	7
中期	2347	1794	70
後期	691	420	17
合計	3298	2395	100

弥生時代における総人骨出土数と受傷人骨出土数（Nakagawa et al. 2017より）。弥生時代早期の割合が特に高いのは高知県居徳遺跡の人骨が含まれているためである。この遺跡の人骨もなんらかの傷のようなものが残されているが、暴力痕跡かどうかは微妙な傷である点に注意されたい。

Nakagawa et al. 2017；2021）。言い換えれば、受傷人骨出土数の時空間パターンを生みだすプロセスとして、弥生時代（特に中期）の北部九州において戦争が想定される。

もちろん、受傷人骨は必ずしも戦争だけにはよらない。なんらかの事故や、儀礼的な（暴力）行為によっても傷ができることはある。たとえば、縄文時代早期における受傷人骨の著名な例として、愛媛県上浮穴郡久万高原町の上黒岩岩陰遺跡の人骨が挙げられる。この人骨には穴が空いており、その穴には細い骨角器が刺さったまま出土したという（図５・７）。ただ、この細い骨角器で骨に穴が開けられるのかどうかも微妙なうえ、刺さっている場所や傷の状態からしても、殺意をもった暴力によってついた傷とは判断しづらい。こうした傷は、先述したように埋葬時の儀礼などによるものとも考えられる。

では、弥生時代中期の北部九州で多数出土する受傷人骨には集団間紛争に起因するものが多く、そしてそれを理由

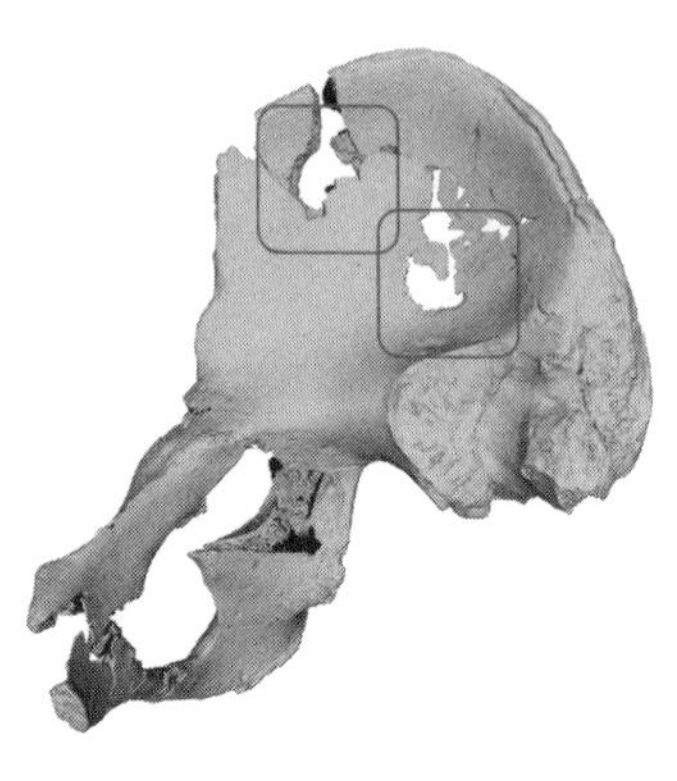

図5・7　上黒岩岩陰遺跡5とそこから出土した人骨（寛骨）に空いた穴の三次元モデル（人骨は上黒岩考古館所蔵）。三次元計測には第一章で触れたCreafrom HandySCAN BLACK™ | Eliteを用いた。

の一つとして、この時期の北部九州に戦争が起こっていたと推測できるならば、それはどうしてなのだろうか。この原因、つまりプロセスを考えることが、本節の目的である。

先史時代の戦争はさまざまな文脈で注目を浴びている。前節で紹介したような偏狭な利他性の進化だけでなく、そもそも先史時代にどれほど戦争があったのかどうかも問題視される（Fry & Söderberg 2013; Ferguson 2013など）。また実際にいくつかの遺跡では出土した古人骨の多くに傷が残っていて、虐殺の証拠だと考えられることもある（Larh et al. 2016; Wendorf 1969; Fryer 1997など）。こうした虐殺は何が原因で起こったのか。環境が大きく変動し、今までの生活が困難になったがゆえに、暴力的な収奪をおこなわざるをえなくなったと、時折指摘される（Keeley 1996；Schug 2021 など）。ほかにも、国家が登場することによって専門的な軍隊をもてるようになり、戦争を容易に開始できるようになったと主張する研究者もいる（Otterbein 2004 など）。

弥生時代の戦争は、どのような原因が考えられるだろうか。一般に指摘されるのは、人口の増加である（橋口 2007；松木 2017；小澤 2002 など）。多くの研究者が弥生時代前期から中期にかけて、なんらかの理由で人口が増加した可能性を指摘しており、この人口変動が戦争を引き起こしたのかもしれない。人口が増加すれば、住める場所や農耕のための土地が不足する。土地が不足すれば、近隣集落を襲って土地や、相手が蓄えている食料などを奪わなければならなくなる。

この可能性を検討するため、Nakagawa et al.（2021）ではまず、弥生時代中期の北部九州について、人口動態を推定しようとした。もっとも簡単に思えるのは、出土した人骨の数を数えることだが、前章でも触れたように日本の土壌では人骨の残りがあまりよくない。したがって、人骨数だけでは当時の人口を正確に推定しづらい。

こうした問題を回避し、人口を推定するためには、次のような指標が多少は有用となる。遺跡の数、住居址の数、そして墓の数である[6]（今村 1997；小澤 2002）。

遺跡の数は比較的簡単に数えられるものの、遺跡の大小によって人口の規模が変わってしまうため、人口動態を見るには解像度がやや粗い。住居址のサイズから住んでいた人間の数を推定することもできなくはないが、どの程度の大きさの住居に何人が住めたのかを、正確に推測することはそれほど簡単ではない。

墓も発掘の偏りに影響を受けるとはいえ、遺跡や住居址も同じである。また、北部九州の多くの甕棺は一つの墓に一人しか埋葬されない。そして、弥生時代中期の北部九州では、甕棺埋葬がかなり支配的である。もちろん、弥生時代の北部九州でも石棺墓や木棺墓が出土する。しかし、甕棺は比較的厳密かつ詳細な型式分類がなされており、細かな時間的変動を追うことができる。他方、石棺墓や木棺墓は、そこまで厳密な時期区分ができない。こうした点を総合すると、弥生時代の戦争を考えるには、墓の数、すなわち甕棺の数を数えることが一番の近道になるだろう。

こうして数えられた甕棺の総数を、一定の地域ごとにまとめた（表5・2）。型式ごとにKⅡcからKⅢaにかけて、甕棺の総数のピークがある。あとでも見るように、北部九州ではこの時期に受傷人骨が集中しており、たしかに人口の増加が受傷人骨の増加と関連していそうではある。

ここで、二点注意しておかねばならない。まず、甕棺の形式は、どれも等しい期間に継続して使用されたわけではない。加速器質量分析法による放射性炭素年代推定をおこなった結果、

表5・2

①甕棺数	KIIa	KIIb	KIIc	KIIIa	KIIIb	KIIIc	合計
福岡平野	54	284	220	416	484	95	1553
三国丘陵	465	611	1003	1001	559	543	4182
糸島平野	81	49	40	64	53	17	304
早良平野	38	122	122	298	187	138	905
筑紫平野（東部）	191	76	27	24	116	43	477
筑紫平野（中央）	312	494	808	1011	230	110	2965
合計	1141	1636	2220	2814	1629	946	10386

②存続期間（年）	25	25	100	70	80	80
福岡平野	2.16	11.36	2.2	5.943	6.05	1.1875
三国丘陵	18.6	24.44	10.03	14.300	6.9875	6.7875
糸島平野	3.24	1.96	0.4	0.914	0.6625	0.2125
早良平野	1.52	4.88	1.22	4.257	2.3375	1.725
筑紫平野（東部）	7.64	3.04	0.27	0.343	1.45	0.5375
筑紫平野（中央）	12.48	19.76	8.08	14.443	2.875	1.375

③耕作可能面積（㎢）	100.062	78.965	83.886	58.064	94.439	100.842
福岡平野	21.587	143.861	26.226	102.350	64.063	11.776
三国丘陵	185.885	309.505	119.566	246.280	73.990	67.308
糸島平野	32.380	24.821	4.768	15.746	7.015	2.107
早良平野	15.191	61.800	14.543	73.318	24.751	17.106
筑紫平野（東部）	76.353	38.498	3.219	5.905	15.354	5.330
筑紫平野（中央）	124.723	250.238	96.321	248.741	30.443	13.635

*視認性のため、耕作可能面積で割った結果は、1000倍している。

④受傷人骨数	KIIa	KIIb	KIIc	KIIIa	KIIIb	KIIIc	合計
福岡平野		1			1		2
三国丘陵	1	4	9	15	7	2	38
糸島平野							0
早良平野				1		1	2
筑紫平野（東部）		1					1
筑紫平野（中央）				4			4
合計	1	6	9	20	8	3	47

⑤受傷人骨の割合	KIIa	KIIb	KIIc	KIIIa	KIIIb	KIIIc
福岡平野		0.004			0.002	
三国丘陵	0.002	0.007	0.009	0.015	0.013	0.004
糸島平野						
早良平野				0.003		0.007
筑紫平野（東部）		0.013				
筑紫平野（中央）				0.004		

Nakagawa et al.（2021）で用いた数値一覧。上から順に、①各地域・各型式の甕棺数、②甕棺存続年数を考慮したときの1年ごとの各地域での甕棺数（≒毎年の人口数）、③各地域の工作可能面積を踏まえたうえでの人口圧（＝単年人口数／耕作可能面積）、④各地域の受傷人骨数、⑤受傷人骨数を甕棺数で割ったもの（≒各地域での争いの頻度）を示している。

各形式は表5・2②でまとめられているような期間に存続したと推測されている。人口動態を検討するには、この存続期間を考慮しなければならない。表5・2①の甕棺数を存続期間で割って、単年ごとの人口を数値化したものが、表5・2②の数値である。

次に、人口が増えても利用可能な土地が広ければ、特に争いは起こらないはずである。したがって、各地域でどの程度の土地が利用できたか、当時の耕作可能面積を推定しておく必要がある。あまりに急斜面であれば耕作は通常不可能なため、現在の地図から一定の傾斜角より小さい領域のみを耕作可能面積と考え、その面積で人口を割ったもの（人口圧）が、表5・2の③である。いずれも相対的な数値であるため、数値そのものに大きな意味はない。

ここまでで当時の人口動態がどのようなもので、またどれほど当時の人たちにとって困った問題になっていたかを推定できた。次は、争いの頻度をどう考えるか、である。受傷人骨の数だけでもいいが、ここでは各時期の人口数と比較して、どれほどの人が傷を受けるような事態に出会していたのかを推定しておこう。そのために表5・2の⑤では、受傷人骨の数を甕棺の数で割った数値を出した。

これでようやくすべての準備が整った。図5・8にまとめたとおり、人口圧と争いの頻度のあいだには、おおよそ正の相関関係があるようにみえる。ここから、このように考えられるだろうか。多くの人は争いを好まない。相手どころか自分が怪我をして死ぬかもしれないし、武

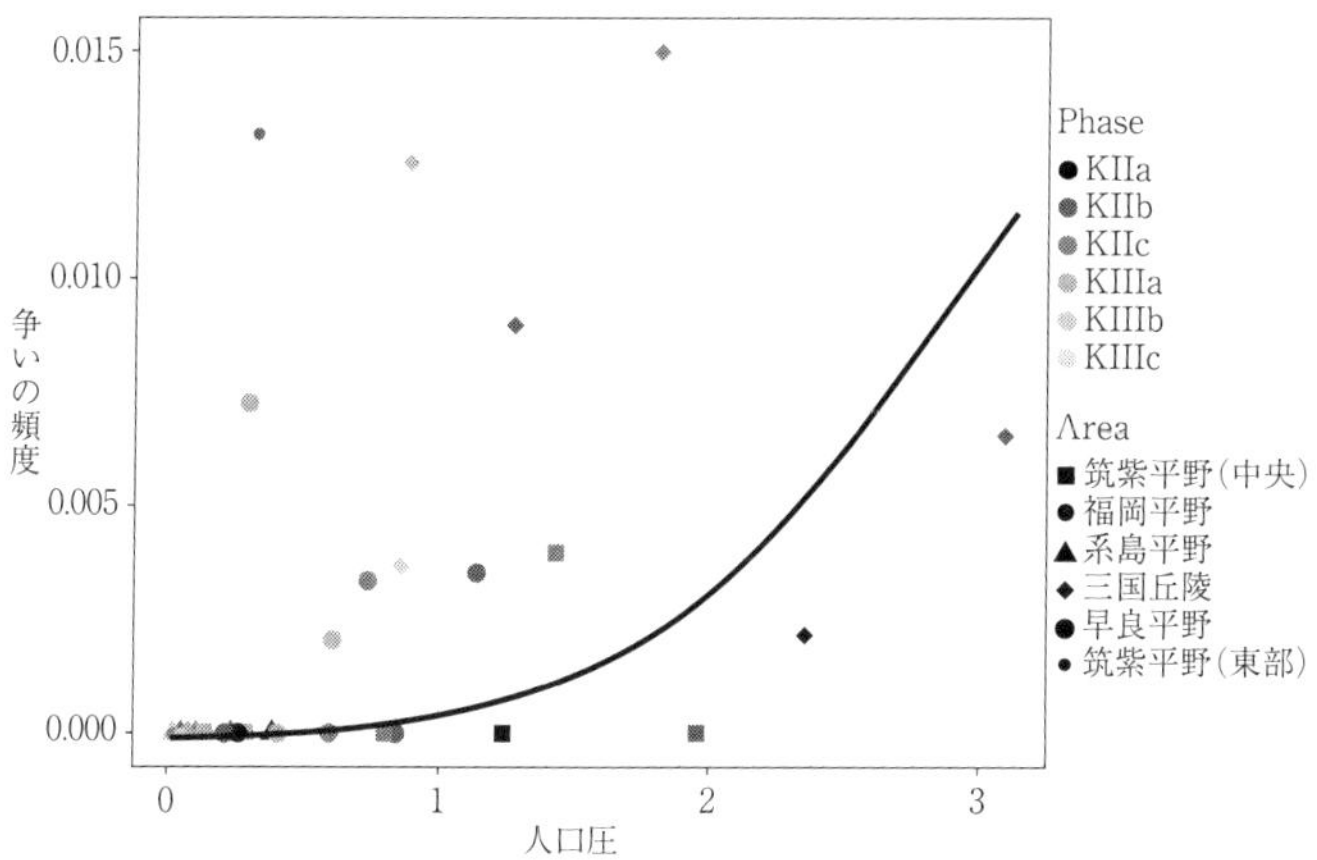

図5・8　各地域・時期の人口圧（＝単年人口数／耕作可能面積）と争いの頻度（＝受傷人骨数を甕棺数で割ったもの）をプロットした。真ん中に引かれているのはロジスティック曲線。本来はS字カーブになる（図で示されているのはその途中まで）。

器を準備して戦うより、できることなら田畑を耕す方が、安心して生活を送れる。しかし人口圧が徐々に高まり、どうしようもなくなったときには、やはりなんらかのかたちで収奪をおこなわざるをえず、暴力に訴えてしまう。こうした仮想モデルが正しければ、直線的な回帰関係ではなく、ロジスティック曲線のような関数として、争いの頻度と人口圧の関係をうまく捉えられるはずである。実際、ロジスティック回帰モデルとよばれる手法を用いて両者の関係を検討した結果、両者のあいだには上記のような関係があることが示唆された。

このように、考古学や人類学のデータから過去のパターンを見出し、またそのパターンの背後にあるプロセスを説明するという作業は、実際のところ簡単ではない。いくつもの仮定や前提が正しくおかれてはじめて、直接検証したい予測にたどり着く。人口圧と争いの頻度の関係を考察した際、どのような仮定・前提をおいたのかを再度、一部整理してみよう。

(1) 墓の数は、当時の人口をみるための（ある程度）信頼できる指標になりうる。
(2) 一定の傾斜角以下の平坦な土地であれば、当時の人たちも耕作が可能であった。
(3) 受傷人骨の頻度は、争いの頻度の指標として（ある程度）信頼できる。

これらの仮定・前提には、当然ながら別の検証が必要である。墓の数から人口を推定できるかどうか。おそらく現代社会であればある程度たしかであろう。しかし弥生時代の甕棺墓が十分に偏りなく、発掘されているのかどうかという点で問題がある。日本の行政発掘は、大半が道路や建物の開発に伴っておこなわれる。裏を返せば、開発されていない地域については発掘がおこなわれず、その地域にどの程度の遺構が残されているのか必ずしも明らかではない。北部九州の場合、それなりの地域で継続的に発掘がおこなわれ、他の地域よりは比較的まんべんなく遺構が検討できているが、それでも偏っている可能性は否定しきれない。

耕作可能面積も同様である。耕作可能な地域について十分な推測をしようとすれば、現在発掘されている当時の農耕地について傾斜角を調べたうえでの推測が必要になる。これもまた発掘の偏りという問題からは逃れきれない。古地図などから当時の地形を推測するにしても当然限界がある。

争いの頻度はもっともやっかいである。骨に傷が残されなくとも、軟部組織の損傷だけで命を落とすことは十分にありうる。実際、人骨や傷の有無を問わず、甕棺内の武器（の切っ先）から被葬者に武器が刺さっていたと推測されることもある（橋口 2007 など）。

ただし甕棺の場合、埋葬角度によっては、軟部組織に刺さった武器は朽ち果てたあとに下に落ちる。つまり、武器がどこに刺さっていたのか、あるいは本当に刺さっていたのかを判定することが難しい状況になってしまう。他方、近畿地方などで発見されている人骨では、木棺などに納められている場合が多く、埋葬された状態がそのまま保たれているケースが少なくない。そうした人骨の場合、軟部組織があったと推測される場所に石鏃などの武器が落ちていれば、その石鏃はおそらく人体に刺さっていたと考えることも可能である（われわれの一連の研究では、こうしたケースは受傷人骨の事例とみなしている）。さらに、甕棺内の武器が、副葬品か、それとも武器として刺さっていたのかの判断も簡単ではない。われわれの研究ではかなり限定的な判断基準を用いたが、より広い基準で受傷頻度を計算することももちろん可能である。

古人骨の残り方にも問題がある。すべての甕棺に人骨がそのまますべて残されているわけではない。むしろ、すべての部分が残っていることの方がまれである。大半は身体の一部しか残されておらず、その一部も欠けていたりする場合が少なくない。本来は骨に傷を受けていたとしても、その骨が残っていない場合も十分にありうる。

こうした問題を解決するには、日本国内における当時の戦術や戦争システムを踏まえたうえで、どの程度の致命傷が、骨に傷を残さずに軟部組織のみに残されうるのかを検討しなくてはならない。人骨の残り方についても同様で、北部九州と類似した土壌のなかに甕棺を埋めた場合、どの程度の割合で人骨が残りうるのか、実験やシミュレーションが必要になる（5・3節参照）。

少なくともこうした仮定・前提については、今後の検討によって別の可能性が示されることも十分ありうる。現時点では、一定の妥当性があると想定できるものを積み重ねながら、複数ある選択肢のなかから、現時点でもっとも可能性の高い説明・解釈を選んでいくしかない。これが過去に向き合う際に必要とされる、最低限の共通解といえそうである。

5・3　プロセスモデルの検討

本章ではこれまで、われわれが取り組んできた研究について紹介してきた。本節では、より広い動向を簡単に取り上げたい。進化考古学の主導的な研究者であるスティーブン・シェナンのグループは、新石器時代ドイツの線帯文土器文化のデータを長らく分析し、土器に施された文様の頻度変化の背後にある文化伝達プロセスの推定を試みている。この土器文化では、文様のモチーフの「人気度合い」が、時間とともに変化する。つまり、ある時期には人気であったモチーフが、別の時期には人気を失うことが起こる。新しく生みだされるモチーフもあるが、すでにあるものを模倣し、自分が作る土器に施したケースのほうが多かっただろう。模倣、つまりすでにあるモチーフの継承は、ある種の文化伝達とみなせる。

シェナンらは、この文化伝達がランダムに起こるのか（集団中の他の個体が作ったモチーフをランダムに模倣したのか）、多数派が採用しているモチーフに追随する傾向があったのか、新しく生みだされたモチーフを採用したがる傾向があったのか、といったプロセスを定式化し、どれがもっともありそうかを検討していく作業を試みた。研究の初期段階には、ランダムかどうかだけの検証を、集団遺伝学の手法を援用しておこなっている（Shennan & Wilkinson 2001）。ランダムではないことが示唆され、（本章でわれわれがおこなったように）ありそうなプロセスについての解釈はしているが、あくまでも解釈の一環であり、どのプロセスがありそうかを定式化された方法で特定してはいない。

彼らはその後、明示的な文化伝達のシミュレーションモデルを作り、パラメータ推定をするとともに、モデルのあてはまりを比較することで、どのプロセスがもっともありそうかを統計的に検討している（Kandler & Shennan 2015; Crema et al. 2016）。言い換えれば、「妥当性」を測る基準を明示したということになる。こうした分析により、線帯文土器文化の人々は、新しいものを好む傾向があったとする結果（Kandler & Shennan 2015）や、時期によって文化伝達プロセスが異なった可能性が指摘されるなどしている（Crema et al. 2016）。

また、乳糖分解酵素の進化の中心的な研究者の一人である遺伝学者のマーク・トーマスは、空間を明示したシミュレーションにより、乳糖分解酵素遺伝子と生業の拡散における中心地と選択圧のパラメータ推定をおこなった（Itan et al. 2009）。

シェナンらのグループは、考古学者によってなされた分類にしたがって文様をコーディングしている。幾何学的形態測定学などによって定量化、あるいはコード化したデータに同様の手法を適用することも可能である。本書では、三次元計測をおこなうため、完形かそれに近い資料を選んで分析した。そのため、分析対象は、資料全体からするとごく一部である。発展的な方法や、複雑なモデルを使って信頼のおける推定をしようとするならば、データの量が要求されることになる。完形以外の資料を扱えるように手法を拡張することは重要な一方で、対象を拡大することは、資料選定の際の統一的かつ理論的妥当性のある基準を設けることの難しさにもつながる。

また、データ量とモデルの複雑さという観点でいえば、考古学コミュニティでは、統計学や機械学習の分野では、オーバーフィッティングあるいは過学習とよばれるような、あるデータセットにだけ過剰に適合することで、他のデータセットに対する性能を下げてしまうような現象が、むしろ望ましいとされることがあるように思われる。もちろん、それが悪いわけではない。時空間ともに局所的な分析であれば、その方が適切な場合もあるだろう。しかし、そのスタンスをそのまま大域的な研究や比較研究に適用できるかどうかには注意が必要であろうし、個別事例の集積が大域的な理解につながるかどうかも自明ではない。

5・4 パターンとプロセスをつなぐということ

過去は、厳密な意味では再現できない。どれほど工夫しようとも、われわれには把握しきれない条件が数多く隠されており、その条件をすべて明らかにすることは不可能である。その過去について、なんらかの文書記録が残されていたとしても、事態はそれほど好転しない。記録があったとすれば、その記録が本当かどうかをたしかめねばならない。さまざまな資料を突き合わせて、もっとも整合的な解釈をおこなう作業が必要になってくる。

考古学や人類学が対象とする時代の一つ、先史時代については、こうした文書記録が残されていないどころか、さまざまな遺物が断片的に残されているのみである。こうした遺物から過去の情報を読み取るしかないが、文書記録の解釈という点である種の方法論が確立している歴史学とは異なり、考古学・人類学の場合、遺物から何を読み取れるのかについて、残念ながら定まった方法論が存在しない。もちろん、ある程度の経験の蓄積があるため、どうみてもおかしいとしか言いようのない解釈とそうでない解釈が判断できるのもたしかだ（望月 2023）。それがなければ考古学や人類学が専門知として存在する意味がなくなってしまう。

ただ、基礎的な型式分類や遺物に関する理解を踏まえたうえで、さまざまな類似点・相違点をもった考古遺物の形状パターン、あるいはさまざまな人骨の計測距離から推測される人類集団の移動・分布パターンはいったい何を意味するのだろうか。そのパターンを生みだしたプロセスについて、何がどこまでいえるのだろうか。ある考古学者は「資料に基づいて型式分類をおこなうだけの研究と、そこから無責任におとぎ話を広げていく研究は、どちらも同じようにつまらない」と言っていた。そしてその中間をうまく実現することがもっとも難しい。

どのような前提・仮定を踏まえて、土器や人骨、あるいは他の遺物から、どのような方法・推論過程で過去を推測していくのか。今の考古学や人類学に求められているのは、こうした前提や方法への自覚と、それを逐一詳らかにしていく姿勢となりそうだ。それが第二章で述べたオープンサイエンス推進の背後にある姿勢でもあり、それをおろそかにしてきた結果が、土偶の解釈問題で表面化したといえなくもない。

これは第三章の議論にも直結する。考古学や人類学では、データドリブンの議論、言い換えれば仮説やモデルなしでデータを集め、そのデータの解釈をおこなうことが望ましいとされてきた。たしかに、考古学・人類学のデータはさまざまな仮説やモデル、理論からの解釈が可能である。これは本書でも何度か触れてきたとおりであり、仮説Aのもとで集められたデータを仮説Bで検証し直すということも、十分可能である。さらに、第二章でも触れたような緊急発掘では、仮説を立てた発掘がおこなわれるわけでもない。データは仮説も何もなしに発掘されてしまう。

本章で紹介した研究は、こうした前提や仮定、推論の際に用いた方法、さらにはその妥当性についてもできるだけ詳細に述べてきた。直感に任せてないがしろにしてきた部分を、（不確かさも含めて）より透明化していくことで、今後の考古学・人類学がさらにたしかなものになっていくこと、あるいは、そうした不透明さを残していくことが今後の考古学・人類学にとっては致命的なものになりかねないことが、多少なりとも共有されることを願いたい。

注

（1）鹿児島国際大学の皆様には大変なご迷惑をおかけした。ここに再度お詫び申し上げる。

（2） 三国丘陵以外の地域に関して、地域間での甕棺形状を同じように比較した結果については中尾（投稿中）を参照。

（3） この論文が掲載された雑誌もオープンアクセスであり、J-STAGE（https://www.jstage.jst.go.jp/article/jafpos/32/0/32_75/_article/-char/ja）などで閲覧できる。

（4） 唯一、南九州は比較的独立しているが、争いによって孤立しているというよりは、比較的独自の文化を築いていたという考古学的な理由によるものだろう。

（5） 上黒岩岩陰遺跡へのアクセスは少し大変だが本当にのどかでいい場所だった。こういう場所に出向けるのが調査で一番楽しい。人に会わなくていい時間が一番気楽である。

（6） どういった指標が適切かと同時に、考古学的な時期区分などの操作により、人口推定にバイアスがかかることもある（Bevan & Crema 2021）。また、ここで紹介している弥生時代人骨の例でも、考古学的には同一と考えて差し支えない年代幅について同様の問題が生じる可能性がある（Nakagawa et al. 2021；田村 2022）。

おわりに

中尾　央

アメリカ留学時代に驚いたのが、フュージョンという料理のジャンルだった。それまでそんなジャンルを聞いたことがなかったので、最初はそれこそドラゴンボールしか思いつかなかった。とにかく知らない国の料理を食べて自分で再現することが大好きで、食べたことがない料理はサハラ以南のアフリカ料理くらいなのだが、各国の料理を混ぜ合わせたフュージョンには今もあまりなじめていないし、正直にいえば抵抗がある。われわれには何かしら、伝統や正統性を重んじる傾向でもあるのだろうか。

自分のやり方や分野にこだわりや自信をもち、それこそが正統で正しいと思い込むのはわからないでもない。学際・融合的な研究を異端視・色物視し、排除したくなる気持ちもわかる。

「はじめに」の最後の段落からもわかるように、研究者というのはこだわりの強い生き物なのだろう。だとすれば、なおさらそうした傾向は強くなる。実際、学際・融合研究にうさんくささを感じてしまうことも少なくない。新しい学際・融合分野が雨後の筍のように生みだされ、すぐまた消えていく。それがいいのか悪いのかはわからない。分野のスクラップアンドビルドをよしとすべきか否かもまた、取り組むべき問いや時代、社会によって左右される。

本書冒頭でも述べたように、私個人は学際・融合的アプローチの必要性が、その問いに依存すると勝手に考えている。生物の遺伝子配列を調べ、そこから系統推定をおこないたいと思っている研究者が、いきなり別分野の手法に手を出す必要もない。分岐パターンを明らかにしたあと、背後の進化プロセスまで明らかにしたいというなら、遺伝学や系統推定だけでなく行動生態学や生物地理学の手法・知見が必要になる。この生物が昆虫ではなく人間であれば、心理学や経済学などの領域にまで、検討対象を広げていくべきだろう。どこまで手を広げるかも、研究者個人が知りたい対象と内容に依存する。

繰り返しになるが、本書の元になった科研費による研究では、人類史の一部を解明するという目的があった。たとえ一部であっても、人類の歴史は学際・融合的アプローチを採用しなければ何もわからない。それほどに人類の活動は多様なのである。実際、人間の活動を扱う分野を挙げていけばきりがない。だからこそ、学際・融合的アプローチは必須になる。それ以上でもそれ以下でもない。

そもそも学際・異分野融合といっても、程度問題でしかない。カント研究者もカントの著作だけを読んでいるわけではなく、関連する他の哲学者や、さまざまな二次、三次文献を踏まえて多様な視点からカントを研究する。関連する哲学者の著作について、カント研究者がカント哲学の視点から考察することがあったとしよう。これも哲学研究の範疇には収まるが、カント哲学研究という視点からすれば、ある種の学際・融合研究とみなしてもよさそうだ。どこまでを伝統的かつ正統的、そしてある意味「純粋な」カント哲学研究とみなすかなど、正しい答えや規範があるわけでもなく、検討するだけ時間の無駄である。

どこまで手を広げるべきか、という実践的問題はもちろん重要である。どの程度の広さ、深さで研究をおこなうべきか。どこまでの程度で広さと深さが両立できるのか。研究者の適性や好み（言い換えるなら、研究者の知りたい「問い」）にもよる。徹底的に狭く研究するのも、広さと深さを両立すべく、そのバランスを探るのも、程度問題なのだろう。

では、人類史を解明していくため、こうしたアプローチをどのように実現していけばよいだろうか。考古学者と進化学者、認知科学者が協力し、それぞれの視点から共同研究をおこなえば十分だろうか。成果を出すという目的のためだけなら、それで十分かもしれない。何本かの論文は書けるだろう。ただし、こうした離合集散タイプの学際研究は、まず互いの分野の違いと特性を知り、どうすればうまく協力できるのかを探るところから始めなくてはならない。何度も繰り返し目の当たりにしてきた光景だが、大変効率が悪い。非効率的な作業を繰り返すよりは、もとから学際的なハイブリッド人材を育成する方がよいのではないか。あるいは、育成するよりも自分自身がそうなった方が（今後の育成という目的のためにも）さらに効率がいいかもしれない。新しい知識や手法の習得には時間がかかる。私よりも若い世代に期待した方が「効率」はいいのかもしれない。どこが最適解なのかは場合によるとしか言いようがない。

　そもそも、こうした点を意識して本書執筆陣が「ハイブリッドな人材になること」を目指してきたわけでもない。気がつけばいろいろな分野の研究者と共同研究をおこなうようになり、その都度いろいろな知識や技術を身につけざるをえなくなり、結果的に（一見わけのわからない）ハイブリッド人材が生みだされてしまっただけだろう。

　少なくとも私はそうだ。人間進化のいろいろを追いかけていたらこうなってしまった。科学哲学を専門としていた人間が、なぜか「Nature」で人類学者として紹介され、愉快な仲間たち[1]を率いて考古学や人類学の融合的な研究を進め、あげくに土器や古人骨の三次元計測をして、Rで幾何学的形態測定学を用いた研究をおこなっている。はたから見れば、楽しい研究者人生なのかもしれない。

　実際のところ、私自身、何をやってもわかるようでわからないし、いろいろやってみてほんの少しでも何かがわかったらいいなあと研究を進めている。学際・融合的アプローチなど、アプローチ自体に価値がありはせず、その程度ではないだろうか。研究手法は、目的とそれが生みだす成果にあわせて、その価値が判断されるものでしかない[2]。これもまた、本書冒頭で述べたとおりである。

それでも第四章、第五章を書き進めて、本書あるいは本研究班では、学際・融合性よりも、考古学や人類学などにありがちな常識に頼るばかりの研究手法についての自覚と反省に気を遣っていたとわかった。領域全体の研究集会が開かれるたび、「こんな方法でこんな結果が導かれていいのか」「この推論は考古学以外なら通用しない」といった会話が（もちろんもっと口汚い表現で）本班のｓｌａｃｋ上に飛び交っていたのを思い出した。再現不可能な過去を検討する以上、いたしかたないところもあるとはいえ、どのような根拠で、どのような推論をおこなったのか、最低限それを明らかにしておくことが、研究の透明性の維持、知的誠実さや研究公正という観点からも、もっと意識されてもいいはずである。

本書の成果は、すでに述べた研究費以外に以下の研究費から支援を受けた。日本学術振興会科学研究費基盤研究（C）「戦争と道徳性の進化に関する自然哲学的考察」(No. 20K00019, 代表：中尾央）、南山大学パッヘ研究奨励金I-A-2（二〇一九年度、二〇二一～二〇二三年度）、

Ｉ－Ａ－１（二〇二〇年度、いずれも代表：中尾央）、基盤研究（Ｃ）「日本列島先史時代の人骨データベースと縄文・弥生移行期のシミュレーション」（No. 21K12590, 代表：田村光平）、東北大学「持続可能な社会の創造を目指す研究スタート支援事業」（代表：田村光平）、研究活動スタート支援「弥生時代における暴力の社会的影響」（No. 20K22029, 代表：中川朋美）。また、さまざまなかたちで、特に松木武彦（国立歴史民俗博物館）、松本直子（岡山大学）の両名にはお世話になった（五〇音順、敬称略）。ほかの方々にも大変助けられてはいるが、長らくお世話になっている両名のお名前を、ここでは特に記しておきたい。鳥取県・大山のふもとの発掘現場に押しかけて打ち合わせをしたのは、ちょうど十年前の夏だっただろうか。

具体的な名称は各種論文に挙げているので（そしておそろしく長いリストになってしまうので）、ここでは取り上げないが、遺物の調査ではさまざまな関係各所にもお世話になった。この五年間で調査のために訪れていない都道府県は、数えてみれば七つであった。いただいた名刺もよくわからない数になった。

そして、いつもながら突然のお願いにご対応いただいた鈴木クニエさん（勁草書房）にも感謝したい。自分の年齢を考えると二十年は経っていないようにも思うが、鈴木さんにお世話になりはじめたのはもう何年前からだか記憶にない。なんとなくもう少しで二十年が経ってしまいそうな気もするのだが、正確な期間を思い出そうとするとなんだか疲れを感じてしまいそうにもなるので、思い出さない方がいいのだろう。

二〇二三年一一月

編者

注

（1） https://www.fris.tohoku.ac.jp/feature/topics/detail---id-851.html。愉快な「いたずら」であればもう少し格好がついたようにも思わなくはない。

（2） そういう意味では、ある種の研究プログラムと似たようなところがあるのだろう（中尾 2015）。

```
sink()
```

(6) 推定された欠損値をNAと入れ替えたら、プロクラステス解析に進む。

```
#（data.gpaとして）一般化プロクラステス解析。
data.gpa<-gpagen(data, PrinAxes = FALSE, Proj = FALSE)
#（PCAとして）主成分分析。
PCA<-gm.prcomp(data.gpa$coords)
#各種主成分が大きくなると各landmarkがどういう方向へ動くかを三次元で示すコマンドが以下。comp 1というのをcomp 2に変えると第2主成分．magを1や3に変えると変化量が縮小・拡大されて表現される（相対的なものなので）。
plotRefToTarget(PCA$shapes$shapes.comp1$min, PCA$shapes$shapes.comp1$max, method = "vector", mag = 2)
#これで、図四・七のようなランドマークの図が得られる。
```

(7) 主成分分析の結果、得られた主成分得点などをgeomorphによって散布図にすることもできるが、あまり使い勝手はよくないので、筆者の一人（中尾）は主成分得点のみを抜き出して、ggplot 2（Wickham, 2016）という別のパッケージによってグラフ化している。

（野下浩司・中川朋美・田村光平・金田明大・中尾 央）

LM = 5
1 2 3
2 2 2
NA
4 1 1
2 3 1
ID = 01

などとしておくとよい（欠損値の推定は以下で説明する）。

(5) tps データを作成したら、ここからようやく幾何学的形態測定の手順が始まる。

#tps ファイルを「data」として読み込み。

data<-readland.tps（"xxx.tps", specID = "ID"）

欠損値の推定（ここで NA としていた欠損値を、薄板スプライン法、もしくは重回帰によって推定できる。TPS は薄板スプライン法のこと）。

estimate.missing（data, method = c（"TPS"））

推定された結果は R に表示される。数百を超えるデータの場合、R のデフォルト設定だと表示されないので、表示できる最大行数を以下のようにして xxxxxx 行は表示できるように変更しておく。

options（max.print = xxxxxx）

あまりに長い行数を R のウィンドウに表示させても読みにくいので、たとえば output.txt という空ファイルを作成してワーキングディレクトリに配置し、以下を実行すれば、そのファイルに結果が書き込まれる。

sink（“output.txt”）

結果をまた R のウィンドウに表記したい場合は、再度以下を実行すればいい。

```
digit.fixed（spec = data, fixed = y）
```

(3) 終了すればワーキングディレクトリに xxx.nts というファイルが形成されている。このファイルをテキストデータとして以下のようにまとめ、最後は拡張子を tps として保存しておく。

```
LM=5
1 2 3
2 2 2
1 1 1
4 1 1
2 3 1
ID = 01

LM = 5
2 3 3
2 1 2
3 1 1
4 2 2
1 3 1
ID = 02
```

LM はランドマークの数を示す。1 2 3と三つずつ並んでいる数値は各ランドマークの座標値である。ID はデータごとの識別番号であり、これをデータの数だけ繰り返して、xxx.tps というファイルを作成する。

(4) もし三次元データに欠損があり、ランドマークをすべての場所に打てなかった場合、とりあえず適当な場所にランドマークを打ったあと、tps ファイルにまとめる際に

■補遺 3■ geomorph パッケージを用いた三次元データ解析手順

(1) 三次元データは stl, obj, ply などさまざまなファイル形式がある。ただ R で扱えるのは ply ファイル（しかもバイナリデータでないもの）のみなので注意してほしい。

　＊ Meshlab を使えば stl や obj ファイルをバイナリでない ply ファイルに変換可能である。Meshlab でデータを読み込み、三次元データを ply ファイルとしてエクスポートする際にウィンドウが出てくるので、そこでバイナリ変換のチェックボックスを外せばそれでよい。

(2) 以下のコマンドにしたがって R で ply ファイルを読み込み、ランドマークを配置していく。

　#geomorph パッケージ呼び出し（インストールしていない場合はインストールしておく。パッケージのインストールは R studio の場合、右下のウィンドウの Packages → install から可能）。

　library（geomorph）

　# データ読み込み（ply ファイルしか読めないので注意、xxx はファイル名）。

　# ファイルはワーキングディレクトリにおいておく。

　data<-read.ply（"xxx.ply"）

　# ランドマークを打つ（y はランドマークの数）。R のウィンドウ上でメッシュの頂点を選択し、右クリックでランドマークを打つことができる。ランドマークを打つときは、自分が思った場所に打てているかどうか注意しよう。第四章注 3 でも触れたが、結構な割合で裏側の頂点に配置されてしまう。

図3　SlicerSALT での解析結果。元のポリゴンメッシュ（左）と最終的な出力結果の一つである球面調和係数から再構築されたメッシュ（右）。

復は石膏による補修を仮想的におこなうようなものである。資料の欠損が限定的で、欠損部位の形状変化がある程度予測可能である場合には選択肢となるだろう。しかし、そうでないならば潔くデータを取り除く決断をすべきである。

（野下浩司）

クし、SPHARM-PDM 解析を実行する。解析が終わればパラメタライゼーションの結果（XXX_para.vtk, XXX_surf.vtk)、球面調和係数（XXX_.coef)、第一楕円体による整列済みの球面調和係数(XXX_ellalign.coef)、球面調和関数の重ね合わせによる近似の結果(XXX.vtk）などが出力される。

スムーズに解析が進めば、出力された結果、特に球面調和係数データ（XXX_.coef や XXX_ellalign.coef）を用いることでさまざまな統計解析や可視化、三次元輪郭形状の再構築が可能となる（図3)。しかし実際には、入力するデータの欠陥などの修正といった、SlicerSALT 外でのさらなる前処理が必要なケースがほとんどであろう。たとえば、読み込んだデータにポリゴンの面が反転していたり、閉曲面になっていなかったり、穴が空いていたり、種数が0でなかったりといったことが考えられる。そのまま解析を進めるとパラメタライゼーションの際に最適化に長い時間がかかったあげく、エラーが発生するなど時間を無駄にすることになる。せっかく取得した三次元データから有用な知見を抽出できないのは損失にほかならないため、SlicerSALT とは別のツールを用いてデータの修復を試みる価値はあるかもしれない。

データがポリゴンであれば、Meshlab（Cignoni et al. 2008）は有用なソフトウェアである。ポリゴンメッシュを操作するための多数のフィルタが実装されており、重複した頂点の削除、重複した面の削除、面積が0の面の削除、参照されていない頂点の削除、非多様体頂点の削除、小さな分離されたメッシュ（ノイズ）の削除、非多様体メッシュの修復、（相対的に小さなメッシュの穴の）穴埋めなどを適用することで修復できる可能性は十分ある。

それでも欠陥がある場合やそもそも穴が開いている（資料の一部が欠損しているなど）の場合は、3D スカルプティングツールなどを用いて手動で修復するか、そのデータを解析から取り除くかすることになる。3D スカルプティングツールなどを用いた手動での修

(2) パラメタライゼーション

次に、パラメタライゼーションの設定をGenerate Mesh Parametersでおこなう（図2G)。第三章で述べたパラメータメッシュの最適化の反復回数を、Number of iterationsに設定する。ボクセルデータの解像度が高ければ値を高くすればいいが、反復回数が多いと処理時間が長くなるため注意が必要である。まずは低い値から試し、パラメータメッシュの結果を見ながら均一なメッシュが設定できているかを確認して、必要に応じて高く設定するのがよい。

パラメタライゼーションの結果は、輪郭の三次元座標値をポリゴンで表現した表面メッシュ（XXX_surf.vtk）と球面上の位置パラメータを記録したパラメータメッシュ（XXX_para.vtk）のペアとして生成される。また、反復回数を増やしてもパラメータメッシュの結果が改善しない場合は、入力するボクセルの解像度を落とすことも検討しよう。

(3) 球面調和係数の推定

球面調和係数の推定の設定は、Parameters to SPHARM Meshでおこなう（図2H)。20面体再分割の反復数nをSubdivLevel valueに設定する。SPHARM Degree valueには、球面調和関数による近似にどの次数までを使うかを設定する。高い値を設定すれば細かい変動も表現できるが、係数の数が増えたり、ノイズを拾いやすくなったりするのでむやみに高くすべきではない。評価したい形態の特徴にあわせて調整してみよう。

これらのほかにもAdvanced PostProcessed SegmentationやAdvanced Parameters to SPHARM Mesh、Correspondence Improvementで追加の調整や、レジストレーション（位置、向き、サイズをサンプル間で揃える操作）のための設定をおこなうことができる（図2I)。必要に応じて活用しよう。

すべての設定が終わったらRun ShapeAnalysisModuleをクリッ

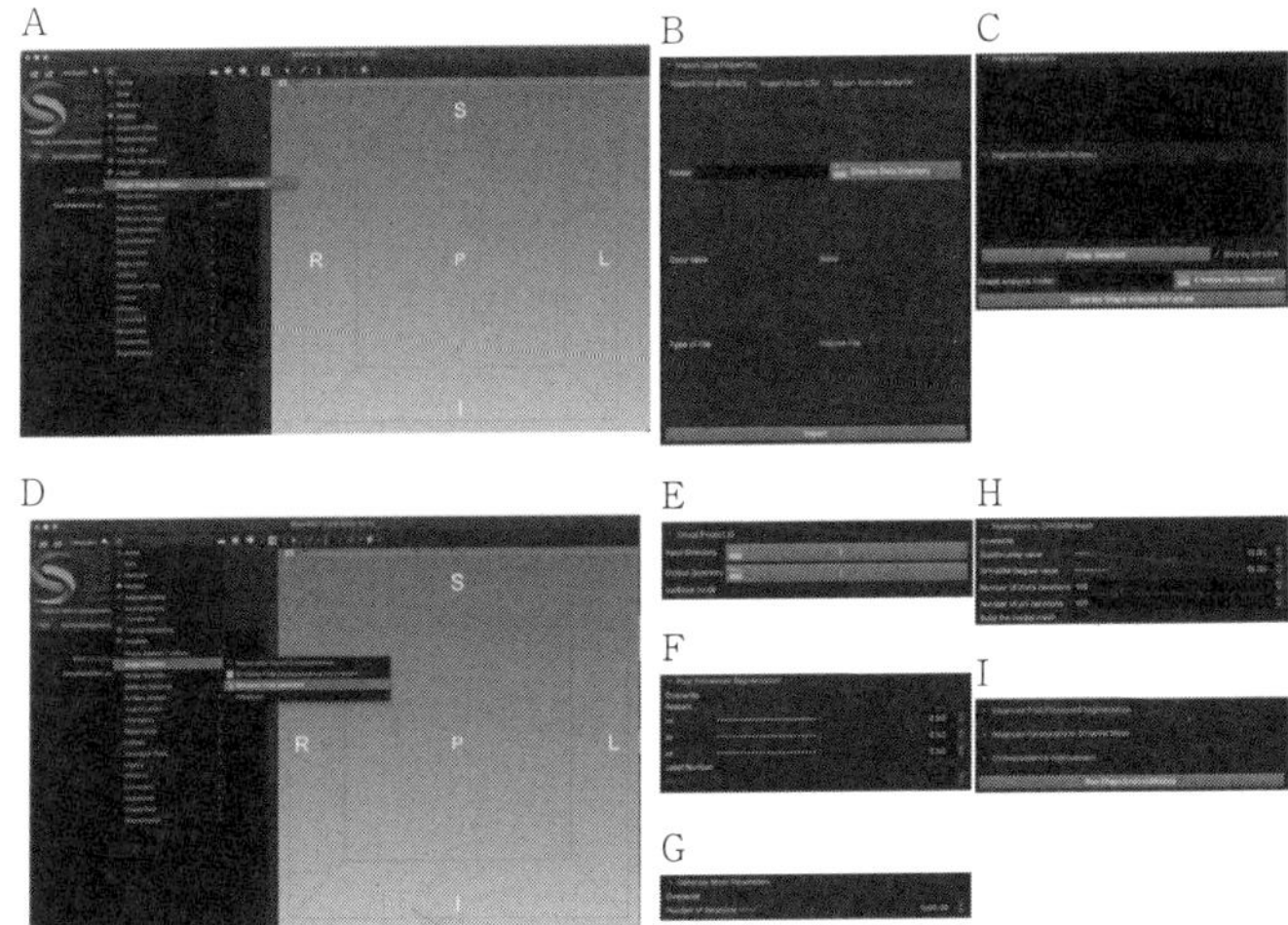

図2　SlicerSALTの操作画面。三次元データを読み込むためのData Importer（A）で、読み込み先のフォルダや種類（ボリュームデータ／モデルデータ）を選択し、読み込みを実行する（B）。読み込まれたデータの一覧が表示され、それぞれの三次元データのポロジーを確認し、SPHARM-PDMに利用できるボリュームデータを生成する（C）。SPHARM-PDM Generatorで球面調和関数解析をおこなう（D）。データの入出力先（E）、前処理に関連する設定値（F）、パラメタライゼーションの際の最適化計算の反復数（G）、SPHARM-PDMの設定値（H）などを設定し、球面調和関数解析を実行する（I）。

Group Project IOのInput Direcotryに先程生成したボクセルデータが含まれるフォルダを、Output Directoryに出力先を設定する（図2E）。Post Processed Segmentationでは、読み込んだボクセルデータへの解像度の調整や閾値処理などを施すことができる（図2F）。特に必要がなければチェックを外す。

(1) データの読み込みと前処理

まずはデータを読み込もう。Modules から Shape Analysis Toolbox の Data Importer を選択する（図2A）。左のサイドバーが Data Importer の項目に切り替わる。

Import from directory タブ（図2B）で、読み込みたいデータを保存しているフォルダを選ぶ。Type of File には、読み込むデータがボクセルの場合は Volume File を、ポリゴンの場合は Model File を選択する。Import をクリックするとデータが読み込まれ、Imported Subjects エリアに読み込まれたファイルの一覧が表示される（図2C）。

このエリアで選択したファイルに対応する三次元データが、右のウインドウに表示される。また、選ばれたファイルは一つ下の Segments in Selected Subject エリアにも表示され、対象のトポロジーを確認できる。球面調和関数解析では対象の輪郭を球面と対応づける必要があるので、Current Segment Topology が Sphere になっていれば解析対象として適切といえる。もし Disk や Multiple Holes など異なるカテゴリーが表示されている場合は、後述の Meshlab による前処理などをおこないデータの欠陥を修正するとよいだろう。

読み込んだすべてのデータの Current Segment Topology が Sphere になっていれば、前処理を施したデータの出力先を Shape Analysis Folder に設定し、Generate Shape Analysis Structure をクリックする。これで SPHARM-PDM に利用できるボクセルデータ（XXX.nrrd）を得ることができる。

ここまで終わったら、Modules から Shape Creation の SPHARM-PDM Generator を選択する（図2D）。再び左のサイドバーが SPHARM-PDM Generator の項目に切り替わる。SPHARM-PDM Generator では、パラメタライゼーションと球面調和係数の推定をまとめておこなう。

■補遺 2■　SlicerSALT による球面調和関数解析

SPHARM-PDM による解析を SlicerSALT（Victory et al. 2018）を用いてやってみよう。SlicerSALT は、三次元データの解析や解析のためのオープンソースソフトウェア Slicer（Fedorov et al. 2012）に SPHARM-PDM やその前処理・後処理のためのモジュールをあらかじめ組み込んだディストリビューションである（なのですでに Slicer を利用されている場合は、必要なモジュールをインストールすればよい）。解析の流れは大きく（1）データの読み込みと前処理、（2）パラメータメッシュの生成、（3）球面調和係数の推定、となる（図 1）。

（1）データの読み込みと前処理

（2）パラメタライゼーション

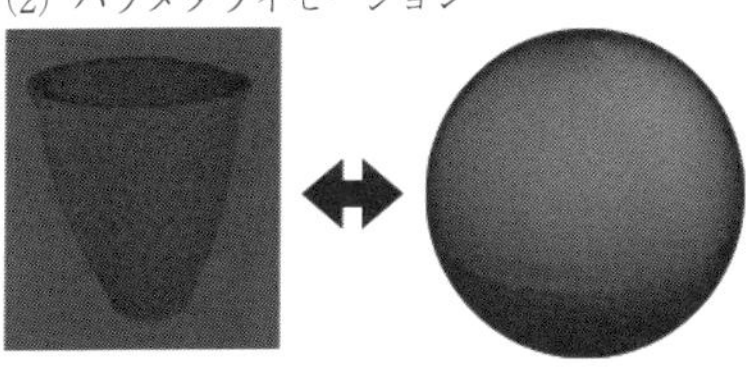

（3）球面調和係数の推定

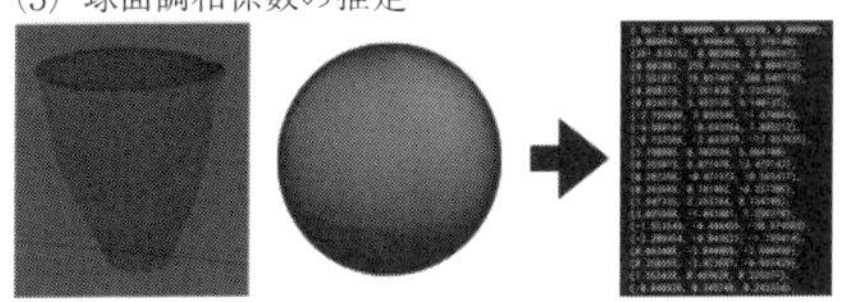

図 1　SPHARM-PDM での解析の流れ。

方法があるが、代表的なものとしてTIN（不規則三角網）やポリゴンメッシュがある。

メッシュ構築を選択し、ポイントクラウドを選択する。品質とポリゴン数を選択し、ポリゴンの生成をおこなう。この際、深度マップも選択可能であり、高密度ポイントクラウド構築をしなくともメッシュの生成は可能である。

深度マップと高密度ポイントクラウドのどちらを使用するかについては議論の分かれるところであるが、前者は対象物までの距離を示すもので、これを使用するとメッシュは手前側の連続的な表面を表示するため、表面の見栄えが良い傾向にあるのに対し、後者は複雑な凹凸構造を反映した表面を表示するため、より詳細を観察することに適する反面、ノイズの影響が強いことや計測の欠落箇所が現れるという問題がある。ここでは、基本的には高密度ポイントクラウドでの解析を使用した。

(5) テクスチャーマッピング

生成された三次元モデルの表面に対して色情報をはじめとする質感を表す情報を付与する方法をテクスチャーマッピングと呼ぶ。SfM/MVSは写真より形状計測をおこなうため、色情報を付与することが容易に可能である。テクスチャー構築を選び、マッピングをおこなう。

生成された三次元モデルは、点群・メッシュを利用目的に応じて出力して活用する。

（金田明大・中川朋美・吉田真優）

続いて、マスク用のメッシュの構築をおこなう。ここでは深度マップを用いる。構築後、マスクのインポートをおこなう（「ファイル」→「インポート」→「マスクをインポート」を選択)。マスクは手作業によるもの、背景のみの画像を用いて対象と背景を分離するもの、モデル化されている部分を適用するもの、などがあるが、最後の方法がもっとも効率的であり，実用的である。方法の欄から「モデルより」を選択し、マスクを適用させる。

マスク適用後、再びアラインメントを今度は「高」で実施する。このとき、マスク適用先をキーポイントとする。これにより、マスクで選択された部分のみを使用して三次元モデルが構築される。

続いて、カメラアラインメントを最適化する。カメラ位置が再計算され、より適正な位置となる。

ここまでが SfM の部分である。

(3) 高密度ポイントクラウド構築

続いて、MVS の部分になる。ポイントクラウド構築を選択し、品質を選択してから、ポイントの信頼性を計算にチェックを入れて解析を進める。解析後、ポイントクラウドから信頼性による色分けを表示し、信頼性の低い点群を確認する。続いて信頼度でフィルタリングを選び、先ほど確認した範囲内の信頼性の低い点群を選択し、消去する。これで大まかな不要な点群は除去できるが、若干の残存はあるので、手作業でクリーニングする必要はある。作業の途中、あるいは終了時には保存を忘れないようにした方がよい。作業途中でトラブルがあると、なかなかのショックである。

(4) メッシュの構築

得られた点群はあくまで孤立した点の集合であり、点描画のように遠くに離れると気づかないが、拡大すれば独立した点が集まっているだけだとわかる。これを単一の形状として扱うためには複数の全写真での解析をおこない、これでうまくモデルが作成できない場合は、資料の接地面が同一な写真群ごとにチャンクに分けて、最後にチャンクの統合をおこなってモデルを構築した。この作業は、ケースによって試行錯誤が必要になってくる。

(2) 写真のアラインメント

Metashapeにおいては、上部メニューの「ワークフロー」からこの三つの順で作業を進める。

まずは、個別の画像より特徴点を抽出して画像の撮影位置と姿勢および特徴点の三次元配置（疎な点群）を推定する。これを写真のアラインメントと呼称している。

クオリティはいずれも「高」が基本となる。アラインメントにおいては、最高は画像全データを用い、クオリティが1段階下がるごとに1/4のデータ（つまり縦横1/2のデータ）に間引いて解析がおこなわれる。

また後述するように、現場での確認やマスク処理などについては「低」や「中」でおこなうことが多い。演算時の迅速性もあるが、より少ない特徴点での処理が可能な場合、それ以上の情報を用いた処理をおこなうことは基本的に可能であるためである。「最高」は画像の全データを用いるが、特殊な場合以外は選択しない（マニュアルでも触れている）。

次に、撮影データよりマーカーを検出する（「ツール」→「マーカの検出」を選択）。マーカーはソフトより生成されるものを用いている。このマーカーはコード化されており、ソフトで自動的に画像認識するため、精度と効率の点で便利なものである。

続いて、写真のアラインメント（位置合わせ）を実行する。考古資料の場合、マスク処理をおこなうことが良好なデータ取得に寄与することもあるため、まずはマスク用の位置合わせをおこなうことが多い。この場合多くは「中」で処理をしている。

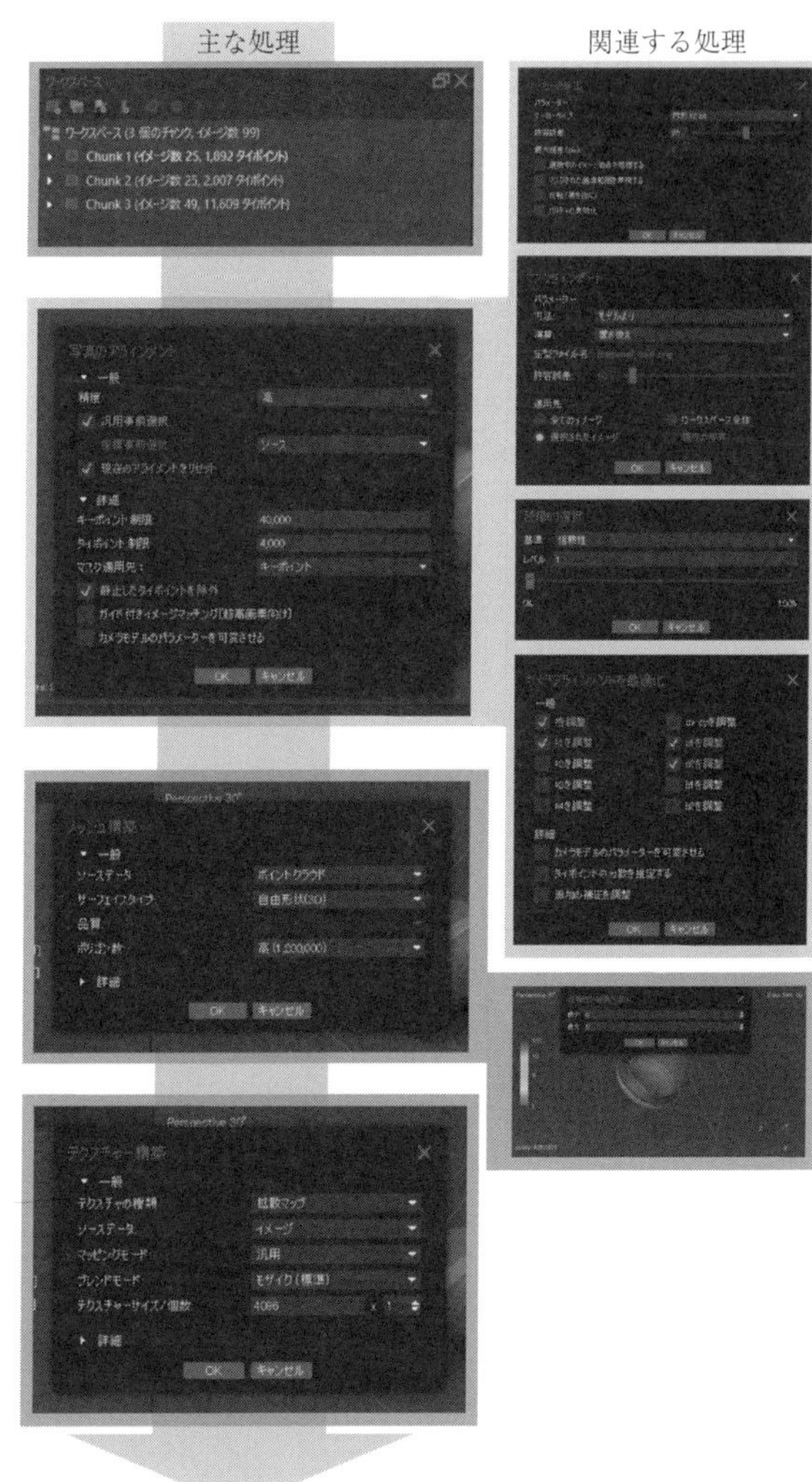
主な処理
関連する処理
ワークスペース (3 個のチャンク, イメージ数 99)
Chunk 1 (イメージ数 25, 1,892 タイポイント)
Chunk 2 (イメージ数 25, 2,007 タイポイント)
Chunk 3 (イメージ数 49, 11,609 タイポイント)
写真のアライメント
一般
精度
高
汎用事前選択
現在のアライメントをリセット
詳細
キーポイント制限
40,000
タイポイント制限
4,000
マスク適用先：
キーポイント
静止したタイポイントを除外
カメラモデルのパラメーターを可変させる
OK
キャンセル
メッシュ構築
一般
ソースデータ
ポイントクラウド
サーフェイスタイプ
自由形状(3D)
品質
面の数
高 (1,200,000)
詳細
OK
キャンセル
テクスチャー構築
一般
テクスチャの種類
拡散マップ
ソースデータ
イメージ
マッピングモード
汎用
ブレンドモード
モザイク(標準)
テクスチャーサイズ/個数
4096
x 1
詳細
OK
キャンセル

■補遺1■　Metashapeによる三次元モデル構築ワークフロー

Agisoft社のMetashape（旧Photoscan）は、カメラで撮影した二次元画像からSfM/MVSによる三次元モデルを構築する際、おそらくは現状もっとも広く使用されているソフトウェアだろう。以下で、このソフトを使用した考古遺物と古人骨のモデル構築について、標準のワークフローを説明しておく。

主な処理は、撮影位置の復元および特徴点による疎な点群の作成（SfM）と、それを参照したより精細な点群の生成（MVS）の処理、そして、それをもととしたメッシュの構築、テクスチャーマッピングによる色情報の付与である。

基本的な作業は大きく変わることはないが、アップデートにより多機能化・効率化がおこなわれることがあるので、注意されたい。ここでは執筆時のバージョンである2.0.3での作業についてまとめる。

(1) 撮影した写真を取り込む

撮影した写真をソフトウェアに取り込む。土器のように動かすことが可能であり、また接地面の計測が困難となる対象の場合は、対象物の接地する部分を変えて複数回撮影することとなる。基本的には、対象物の接地面を変えた場合にチャンクを分けて（各単位をチャンクと呼称する）解析をおこなう。たとえば、遺物を正位置から逆位置に置き換えたら、正位置の写真群と逆位置の写真群とで、別のチャンクを分けるといった解析である。これを後で統合することとなるが、写真がうまく撮影できていれば別々のチャンクに分けなくても、左側のウィンドウにそのまますべての写真をドラッグするだけで良好なマッチングが可能なこともあった。このため、まずは

Vicory, J., et al. (2018). SlicerSALT: Shape analysis toolbox. In: *Lecture Notes in Computer Science (Including Subseries Lecture Notes in Artificial Intelligence and Lecture Notes in Bioinformatics)*. Springer International Publishing (pp. 65–72).

Wendorf, F. Ed. (1968). *The prehistory of Nubia.* Dallas, TX, Southern Methodist University Press.

Wickham, H. (2016). ggplot2: Elegant graphics for data analysis. Springer-Verlag New York. https://ggplot2.tidyverse.org

Zeldich, M. L., Swiderski, D. L., & Shets, H. D. 2012. *Geometric morphometrics for biologists: A primer.* Academic Press.

Otterbein, K. F. (2004). *How war began*. College Station, TX: Texas A&M University Press.

Pietrusewsky, M. (2014). Biological distance in bioarchaeology and human osteology. In C. Smith (ed.) *Encyclopedia of Global Archaeology* (pp. 1-17). New York: Springer.

Robinson, L. D., Cawthray, J. L., Elizabeth, S., Aletta Bonn, W., & Ansine, J. (2018). Ten principles of citizen science. In: Hecker, S., Haklay, M., Bowser, A., Makuch, Z., Vogel, J. & Bonn, A. (eds.) Citizen science: Innovation in open science, society and policy (pp. 27-40) (. London: UCL Press. https://doi.org/10.14324/111.9781787352339

R Core Team. (2020). R: A language and environment for statistical computing. R Foundation for Statistical Computing, Vienna, Austria. URL https://www.R-project.org/.

RStudio Team. (2020). RStudio: Integrated development for R. RStudio, PBC, Boston, MA. URL http://www.rstudio.com/.

Schug, G. R. (Eds.). (2021). *The Routledge handbook of the bioarchaeology of climate and environmental change*. New York: Routledge.

Shen, L., Farid, H., & McPeek, M. A. (2009). Modeling three-dimensional morphological structures using spherical harmonics. *Evolution, 63*, 1003-1016. https://doi.org/10.1111/j.1558-5646.2008.00557.x

Shen, L. & Makedon, F. (2006). Spherical mapping for processing of 3D closed surfaces. *Image and Vision Computing, 24*, 743-761. https://doi.org/10.1016/j.imavis.2006.01.011

Shennan, S. J., & Wilkinson, J. R. (2001). Ceramic style change and neutral evolution: a case study from Neolithic Europe. *American Antiquity*, 66(4), 577-593. https://doi.org/10.2307/2694174

Sholts, S. B., Gingerich, J. A. M., Schlager, S., Stanford, D. J., & Wärmländer, S. K. T. S. (2017). Tracing social interactions in Pleistocene North America via 3D model analysis of stone tool asymmetry. *PLoS ONE* 12(7): e0179933. https://doi.org/10.1371/journal.pone.0179933

Sparks, C. S. & Jantz, R. L. (2002). A reassessment of human cranial plasticity: Boas revisited. *Proceedings of the National Academy of Sciences, 99*, 14636-14639. https://doi.org/10.1073/pnas.222389599

Styner, M., Oguz, I., Xu, S., Brechbühler, C., Pantazis, D., Levitt, J. J., Shenton, M.E., Gerig, G., 2006. Framework for the Statistical Shape Analysis of Brain Structures using SPHARM-PDM. *Insight J* 242-250.

Record, 17(4), 8–14.

Nakagawa, T. (2017). Human skeletal remains in the Yayoi period. *Open science framework.* https://doi.org/10.17605/OSF.IO/NYPM6

Nakagawa, T., Nakao, H., Tamura, K., Arimatsu, Y., Matsumoto, N., & Matsugi, T. (2017). Violence and warfare in the prehistoric Japan. *Letters on Evolutionary and Behavioral Science,* 8(1), 8–11. https://doi.org/10.5178/lebs.2017.55

Nakagawa, T., Tamura, K., Yamaguchi, Y., Matsumoto, N., Matsugi, T., & Nakao, H. (2021). Population pressure and prehistoric violence in the Yayoi period of Japan. *Journal of Archaeological Science, 132,* 105420. https://doi.org/10.1016/j.jas.2021.105420

Nakao, H. (2023). Cultural identity and intergroup conflicts: Testing parochial altruism model through archaeological data. *Annals of the Japan Association for Philosophy of Science,* 32, 1–13. https://doi.org/10.4288/jafpos.32.0_75

Nakao, H., Nakagawa, T., Kaneda, A., Noshita, K., & Tamura, K. (2023). Demic diffusion of the Yayoi people in the Japanese archipelago. *Letters on Behavioral and Evolutionary Science, 14*(2), 58–64. https://doi.org/10.5178/lebs.2023.111

Nakao, H., Nakagawa, T., Tamura, K., Yamaguchi, Y., Matsumoto, N., & Matsugi, T. (2020). Violence and climate change in the Jomon period. In G. R. Schug (eds.) *The routledge handbook of the bioarchaeology of climate and environmental change* (pp. 364–376), New York: Routledge.

Nakao, H., Nakagawa, T., & Yoshida, M. (2022). 3D data of human skeletal remains acquired by two kinds of laser scanners: Einscan Pro HD and Creafrom HandySCAN BLACK™ | Elite. *Journal of the Nanzan Academic Society Humanities and Natural Sciences, 24,* 309–314.

Nakao, H., Tamura, K., Arimatsu, Y., Nakagawa, T., Matsumoto, N., & Matsugi, T. (2016). Violence in the prehistoric period of Japan: the spatiotemporal pattern of skeletal evidence for violence in the Jomon period. *Biology Letters, 12,* 20160028 https://doi.org/10.1098/rsbl.2016.0028 https://doi.org/10.1098/rsbl.2016.0028

Nielsen, M. (2011). *Reinventing discovery: The new era of networked science.* Princeton University Press.

Open Science Collaboration. (2015). Estimating the reproducibility of psychological science. *Science, 349* (6251), aac4716. https://doi.org/10.1126/science.aac4716

Methods Biomed. Image Anal. (MMBIA 2001), 171–178. https://doi.org/10.1109/MMBIA.2001.991731

Harper, C. M., Goldstein, D. M., & Sylvester, A. D. (2021). Comparing and combining sliding semilandmarks and weighted spherical harmonics for shape analysis. *Journal of Anatomy, 240*(4), 678–687. https://doi.org/10.1111/joa.13589

Itan, Y., Powell, A., Beaumont, M. A., Burger, J., & Thomas, M. G. (2009). The origins of lactase persistence in Europe. *PLoS computational biology, 5*(8), e1000491. https://doi.org/10.1371/journal.pcbi.1000491

Kelemen, A., Szekely, G., & Gerig, G. (1999). Elastic model-based segmentation of 3-D neuroradiological data sets. *IEEE Transactions on Medical Imaging, 18*, 828–839. https://doi.org/10.1109/42.811260

Kuhl, F. P. & Giardina, C. R. (1982). Elliptic Fourier features of a closed contour. *Computer Graphics and Image Processing, 18*(3), 236–258. https://doi.org/10.1016/0146-664X(82)90034-X

Kaneda, A., Noshita, K., Tamura, T., Nakagawa, T., & Nakao, H. (2022). A proposal of a new automated method for SfM/MVS 3D reconstruction through comparisons of 3D data by SfM/MVS and handheld laser scanners. *PLOS ONE, 17*(7): e0270660. https://doi.org/10.1371/journal.pone.0270660.

Kandler, A., & Shennan, S. (2015). A generative inference framework for analysing patterns of cultural change in sparse population data with evidence for fashion trends in LBK culture. *Journal of The Royal Society Interface*, 12 (113), 20150905. https://doi.org/10.1098/rsif.2015.0905

Keeley, L. H. (1996). *War before civilization*. New York: Oxford University Press.

Kudo, Y., Sakamoto, M., Hakozaki, M., Stevens, C. J., & Crema, E. R. (2023). An archaeological radiocarbon database of Japan. *Journal of Open Archaeology Data, 11*, 11. https://doi.org/10.5334/joad.115

Lake, M. (2012). Open archaeology. *World Archaeology, 44*(4), 471–478. https://doi.org/10.1080/00438243.2012.748521

Lahr, M. M. et al. (2016). Inter-group violence among early Holocene hunter-gatherers of West Turkana, Kenya. *Nature*, 529, 394–398. https://doi.org/10.1038/ nature16477

Leonelli, S. (2023). *Philosophy of open science*. New York: Cambridge University Press.

Marwick, B., et al. (2017). Open science in archaeology. *SAA Archaeological*

Brechbühler, C., Gerig, G., & Kübler, O. (1995). Parametrization of closed surfaces for 3-D shape description. *Computer Vision and Image Understanding, 61*, 154-170. https://doi.org/10.1006/cviu.1995.1013

Choi, J. K. & Bowles, S. (2007). The coevolution of parochial altruism and war. *Science, 318*, 636-640. https://doi.org/10.1126/science.1144237

Cignoni, P., Callieri, M., Corsini, M., Dellepiane, M., Ganovelli, F., & Ranzuglia, G. (2008). MeshLab: An open-source mesh processing tool. *6th Eurographics Ital. Chapter Conf. 2008 - Proc.* 129-136. http://doi.org/10.2312/LocalChapterEvents/ItalChap/ItalianChapConf2008/129-136

Crema, E. R., Kandler, A., & Shennan, S. (2016). Revealing patterns of cultural transmission from frequency data: equilibrium and non-equilibrium assumptions. *Scientific reports, 6*(1), 39122. https://doi.org/10.1038/srep39122

Daston, L. & Galison, P. (2007). Objectivity. New York: Zone Books. 瀬戸口明久・岡澤康浩・坂本邦暢・有賀暢迪訳『客観性』名古屋大学出版会，2021 年.

Doi, N. & Tanaka, Y. (1987). A geographical cline in metrical characteristics of Kofun skulls from western Japan. *Journal of Anthropological Society of Nippon, 95*(3), 325-343.

Douglas, H. (2004). The irreducible complexity of objectivity. *Synthese, 138*(3), 453-473. https://doi.org/10.1023/B:SYNT.0000016451.18182.91

Dryden, I. L. & Mardia, K. V. 2016. *Statistical shape analysis with applications in R (2nd edition)*. Wiley.

Fedorov, A., et al. (2012). 3D Slicer as an image computing platform for the Quantitative Imaging Network. *Magn. Reson. Imaging* 30, 1323-1341. https://doi.org/10.1016/j.mri.2012.05.001

Ferguson, B. R. (2013). Pinker's list: Exaggerating prehistoric war mortality. In D. P. Fry (ed.) (2013). *War, peace, and human nature: The convergence of evolutionary and cultural view* (pp. 112-150). New York: Oxford University Press.

Frayer. D. W. (1997). Ofnet: Evidence for a Mesolithic massacre. In D. L. Martin & D. W. Frayer (Eds.). *Troubled times: Violence and warfare in the past* (pp. 181-216). Amsterdam: Gordon & Breach

Fry, D. P. & Söderberg, P. (2013). Lethal aggression in mobile forager bands and implications for the origins of war. *Science, 341*, 270-273. https://doi.org/10.1126/science.1235675

Gerig, G., Styner, M., Jones, D., Weinberger, D., & Lieberman, J. (2001). Shape analysis of brain ventricles using SPHARM. *Proc. IEEE Work. Math.*

大野城市教育委員会.（1978).『中・寺尾遺跡』
香川県教育委員会.（1990).『下川津遺跡：瀬戸大橋建設に伴う埋蔵文化財発掘調査報告書ＶⅡ』
福岡県教育委員会.（1978).『山陽新幹線関係埋蔵文化財調査報告 6』
福岡県教育委員会.（1978).『山陽新幹線関係埋蔵文化財調査報告 9』
福岡県教育委員会.（1979).『九州縦貫自動車道関係埋蔵文化財調査報告 31』
福岡市教育委員会.（1996).『下月隈天神森遺跡Ⅲ』
福岡市教育委員会.（2012).『入部ⅩⅣ』
文化庁文化財第二課.（2022).『埋蔵文化財関係統計資料：令和 3 年度』（URL: https://www.bunka.go.jp/seisaku/bunkazai/shokai/pdf/93717701_01.pdf Last accessed: 2023/10/22）

Adams, D. C., Collyer, M. L., Kaliontzopoulou, A., & Baken, E. K. (2022). Geomorph: Software for geometric morphometric analyses. R package version 4.0.4. https://cran.r-project.org/package=geomorph. https://doi.org/10.1111/2041-210X.13723
Baker, M. (2016). 1,500 scientists lift the lid on reproducibility. *Nature, 533*, 453–454. https://doi.org/10.1038/533452a
Bevan, A., & Crema, E. R. (2021). Modifiable reporting unit problems and time series of long-term human activity. *Philosophical Transactions of the Royal Society B, 376* (1816), 20190726. https://doi.org/10.1098/rstb.2019.0726
Binford, L. R. (1962). Archaeology as anthropology. *American Antiquity, 28*(2), 217–225. https://doi.org/10.2307/278380
Bonhomme, V., Picq, S., Gaucherel, C., & Claude, J. (2014). Momocs: Outline analysis using R. *Journal of Statistical Software, 56*(13), 1–24. https://doi.org/10.18637/jss.v056.i13
Bowles, S. (2006). Group competition, reproductive leveling, and the evolution of human altruism. *Science, 314*(5805), 1569–1572. https://doi.org/10.1126/science.1134829
Bowles, S. (2009). Did warfare among ancestral hunter-gatherers affect the evolution of human social behaviors? *Science, 324*, 1293–1298. https://doi.org/10.1126/science.1168112
Bowles, S. & Gintis, H. (2011). Cooperative species: Human reciprocity and its evolution. NJ, Princeton: Princeton University Press. 竹澤正哲（監訳）『協力する種：制度と心の共進化』NTT 出版, 2017 年.

山閣.
馬場悠男.（1981）. 人骨計測法. 人類学講座編纂委員会『人類学講座 別巻1 人体計測法Ⅱ 人骨計測法』pp. 159-358, 東京, 雄山閣出版.
春成秀爾.（2003）.『考古学者はどう生きたか：考古学と社会』東京, 学生社.
春成秀爾.（2006）.『考古学はどう検証したか：考古学・人類学と社会』東京, 学生社.
広重徹.（1960）.『戦後日本の科学運動』東京, 中央公論社.
広重徹.（2002）.『科学の社会史 上・下』東京, 岩波現代文庫.
福永将大.（2020）.『東と西の縄文社会：縄文後期社会構造の研究』東京, 雄山閣.
藤尾慎一郎.（1999）. 福岡平野における弥生文化の成立過程：狩猟採集民と農耕民の集団関係.『国立歴史民俗博物館研究報告』, 77, 51-84.
松井広信.（2022）. 富山県における京都系土師器皿の需要と展開：統計解析言語Rを利用した考古学的研究.『金沢大学考古学紀要』, 43, 9-22.
松木武彦.（2007）.『日本列島の戦争と初期国家形成』東京, 東京大学出版会.
松木武彦.（2017）.『人はなぜ戦うのか：考古学からみた戦争』東京, 講談社.
松下孝之.（1989）. 弥生人：地域差. 永井昌文・那須孝悌・金関恕・佐原真編『弥生文化の研究Ⅰ：弥生人とその環境』, pp. 65-75. 東京, 雄山閣.
松田陽・岡村勝行.（2012）.『入門パブリック・アーケオロジー』東京, 同成社.
豆谷和之.（2009）. 西日本における遠賀川系土器の成立と西からの影響.『弥生時代の考古学 2：弥生文化誕生』設楽博己・藤尾慎一郎・松木武彦編, pp. 123-139, 東京, 同成社.
溝口孝司.（2022）.『社会考古学講義：コミュニケーションを分析最小基本単位とする考古学の再編』東京, 同成社.
三中信宏.（1999）. 形態測定学.『古生物の形態と解析（古生物の科学 第2巻』）棚部一成・森啓編, pp. 6-9, 東京, 朝倉書店.
三中信宏.（2006）.『系統樹思考の世界：すべてはツリーとともに』講談社現代新書.
望月昭秀編.（2023）.『土偶を読むを読む』東京、文学通信.
森岡秀人編.（2018）.『初期農耕活動と近畿の弥生社会』東京, 雄山閣.
矢野健一.（2016）.『土器編年にみる西日本の縄文社会』東京, 同成社.
山口欧志.（2021）. 文化財の三次元計測方法の違いによる収集データの比較.『日本考古学協会第87回総会研究発表要旨』p. 31.
吉田真優・中尾央・中川朋美.（2022）. 資料紹介：朝日遺跡出土資料の三次元記録.『あいち朝日遺跡ミュージアム研究紀要』, 1, 37-40.
吉田真優・中川朋美・中尾央.（2023）. 朝日遺跡ⅡⅠ11A13区出土人骨の再検討.『あいち朝日遺跡ミュージアム研究紀要』, 2, 47-61.

豊田長康. (2019).『科学立国の危機：失速する日本の研究力』東京, 東洋経済新報社.
内藤芳篤. (1981). 弥生時代人骨. 小片保編『人類学講座 5：日本人I』, pp. 57-99, 雄山閣出版.
中川朋美・中尾央. (2023). 柚ノ木遺跡出土人骨の所見.『柚ノ木遺跡第2・3次発掘調査』筑紫野市文化財調査報告書第124集, pp. 29-34.
中尾央・三中信宏. (2012).『文化系統学への招待：文化の進化的パターンを探る』東京, 勁草書房.
中川朋美・吉田真優・中尾央. (2022). 岡山県（広島・兵庫県）出土古墳時代人骨の幾何学的形態測定による分析.『古代吉備』, 33, 43-60.
中尾央. (2015).『人間進化の哲学：行動・心・文化』名古屋, 名古屋大学出版会.
中尾央. (2020). 日本考古学の理論的・哲学的基礎：発掘報告書と型式（学）を中心に.『旧石器研究』16, 1-9.
中尾央. (投稿中).「弥生時代中期北部九州大型甕棺の楕円フーリエ解析：甕棺形状の時空間変動について」.
中尾央・田村光平・中川朋美. (2023). 人間進化における集団間紛争：偏狭な利他性モデルを中心に.『心理学評論』, 65(2), 119-134.
中尾央・松木武彦・三中信宏編. (2016).『文化進化学の考古学』勁草書房.
中尾央・三中信宏編. (2012).『文化系統学への招待：文化の進化パターンを探る』勁草書房.
中川朋美・金田明大・田村光平・中尾央. (2022). SfMとレーザー計測による古人骨計測結果の比較.『奈文研論叢』, 3, 39-64.
中園聡. (2017).『3D技術と考古学』季刊考古学140号, 東京, 雄山閣.
中橋孝博. (2005).『倭人への道：人骨の謎を追って』吉川弘文館.
仲林篤史. (2022). 三次元データの公開に伴う著作権等の整理.『奈良文化財研究所研究報告』, 24, 111-117.
野下浩司・金田明大・田村光平・中川朋美・中尾央. (2022a). 遠賀川式土器を例とした三次元モデルと二次元実測図データの比較.『情報考古学』, 27(1/2), 1-10.
野下浩司・金田明大・田村光平・中川朋美・中尾央. (2022b). 遠賀川式土器の形態に関する数理的考察：田村遺跡、矢野遺跡、綾羅木郷遺跡を中心に.『奈文研論叢』, 3, 65-82.
野下浩司・田村光平. 2017. 幾何学的形態測定学とRを使った解析例.『文化進化の考古学』中尾 央・松木武彦・三中信宏編, pp. 177-216, 東京, 勁草書房.
橋口達也. (2005).『甕棺と弥生時代年代論』東京, 雄山閣.
橋口達也. (2007).『弥生時代の戦い：戦いの実態と権力機構の生成』東京, 雄

参考文献

安斎正人. (2004).『理論考古学入門』柏書房.

今村啓爾. (1997). 縄文時代の住居址数と人口の変動. 藤本強編『住の考古学』(pp. 45-60)、東京、同成社.

小澤佳憲. (2002). 弥生時代における地域集団の形成. 埋蔵文化財研究集会25周年記念論文集編集委員会(編)『究班』II (pp. 135-151)

小野英理. (2019). オープンサイエンスの概説と展望.『システム/制御/情報』63(3), 101-106.

小畑三千代. (2013).『土器の実測をしよう!:はじめて実測を試みるあなたへ』、福岡:九州文化財研究所.

神澤秀明・角田恒雄・安達登・篠田謙一. (2021). 鳥取県鳥取市青谷上寺地面遺跡出土弥生後期人骨の核DNA分析.『国立歴史民俗博物館研究報告』, 228, 295-305.

片山一道. (2013).『骨考古学と身体史観:古人骨から探る日本列島の人びとの歴史』東京, 敬文舎.

国里愛彦. (2020). 再現可能な心理学研究入門.『専修人間科学論集. 心理学篇』, 10, 21-33.

近藤義郎. (1994).『月の輪古墳』岡山, 吉備人出版.

柴田将幹. (2014). 初期遠賀川式土器の成立地域と伝播.『季刊考古学』, 127, 19-23.

数藤雅彦. (2019). 発掘調査報告書のウェブ公開と文化財の3Dデータに関する著作権の諸問題.『奈良文化財研究所研究報告』, 21, 91-95.

舘内魁生. (2021). 平安時代陸奥国における陶磁器模倣とその地域性:幾何学的形態測定学の手法を用いた土器形状の定量化.『考古学研究』, 68(1), 75-96.

小堀洋美. (2022).『市民科学のすすめ:「自分ごと」「みんなごと」で科学・教育・社会を変える』東京, 文一総合出版.

田畑直彦. (2018). 遠賀川式土器の特質と広域編年・暦年代.『初期農耕活動と近畿の弥生社会』森岡秀人編, pp. 19-38, 東京, 雄山閣.

田村光平. (2020).『文化進化の数理』東京, 森北出版.

田村光平. (2022).「考古学におけるシミュレーション研究の動向」『考古学ジャーナル』, 768, 122-126.

田村光平・有松唯・山口雄治・松本直子. (2017). 遠賀川式土器の楕円フーリエ解析.『文化進化の考古学』中尾 央・松木武彦・三中信宏編, pp. 35-62, 東京、勁草書房.

■は行

■ま行

■や行

■ら行

■さ行

■た行

索　引

野下浩司（のした・こうじ）
九州大学大学院理学研究院助教。専門は数理生物学。2015年博士（理学、九州大学）。代表的な論文に Network feature-based phenotyping of leaf venation robustly reconstructs the latent space（共著，*PLOS Computational Biology 19*, e1010581，2023年）、Theoretical morphological analysis of differential morphospace occupation patterns for terrestrial and aquatic gastropods（共著、*Evolution 77*(8), pp. 1864–1873, 2023年）など。

吉田真優（よしだ・まゆ）
南山大学人間文化研究科修士課程在籍。専門は考古学。2022年学士（人文学、南山大学）。代表的な論文に「岡山県（広島・兵庫県）出土古墳時代人骨の幾何学的形態測定による分析」（共著、『古代吉備』、33，pp. 43-60，2022年）など。

執筆者略歴（50音順、＊は編者）

金田明大（かねだ・あきひろ）
独立行政法人国立文化財機構奈良文化財研究所埋蔵文化財センターセンター長兼遺跡・調査技術研究室長。専門は考古学・文化財科学。1997年修士（文学、岡山大学）。代表的な論文に A proposal of a new automated methods for SfM/MVS 3D measurement through comparisons of 3D data by SfM/MVS and handheld laser scanners（*PLOS One*, 17(7): e0270660, 共著、2022年）など。

田村光平（たむら・こうへい）
東北大学東北アジア研究センター准教授。専門は進化人類学。2013年博士（理学、東京大学）。代表的な著作・論文に『文化進化の数理』森北出版（単著、2020年）、『つながりの人類史：集団脳と感染症』（単著、2023年）など。

中尾 央＊（なかお・ひさし）
南山大学人文学部准教授。専門は哲学。2013年博士（文学、京都大学）。総合研究大学院大学助教などを経て現職。代表的な論文に Violence in the prehistoric period of Japan: the spatiotemporal pattern of skeletal evidence for violence in the Jomon period（*Biology Letters*, 12: 20160028. 共著，2016年）、Demic diffusion of the Yayoi people in the Japanese archipelago（*Letters on Evolutionary and Behavioral Science*, 14(2), 58-64. 共著，2023年）など。

中川朋美（なかがわ・ともみ）
名古屋大学大学院文学研究科准教授。専門は考古学・人類学。2020年博士（文学、岡山大学）。南山大学人類学研究所博士研究員を経て現職。代表的な論文に "Population pressure and prehistoric violence in the Yayoi period of Japan"（*Journal of Archaeological Science*，共著、2021年）、「青谷上寺地遺跡における暴力の位置づけ」『物質文化』105, pp. 105-121（単著、2021年）など。

カタチの由来、データの未来
三次元計測の人類史学

2024年2月20日　第1版第1刷発行

編著者　中尾　央
発行者　井村寿人

発行所　株式会社　勁草書房

112-0005 東京都文京区水道2-1-1　振替　00150-2-175253
（編集）電話 03-3815-5277／FAX 03-3814-6968
（営業）電話 03-3814-6861／FAX 03-3814-6854
本文組版 プログレス・堀内印刷・松岳社

©NAKAO Hisashi　2024

ISBN978-4-326-24854-4　　Printed in Japan

JCOPY ＜出版者著作権管理機構 委託出版物＞
本書の無断複製は著作権法上での例外を除き禁じられています。
複製される場合は、そのつど事前に、出版者著作権管理機構
（電話 03-5244-5088、FAX 03-5244-5089、e-mail: info@jcopy.or.jp）
の許諾を得てください。

＊落丁本・乱丁本はお取替いたします。
ご感想・お問い合わせは小社ホームページから
お願いいたします。

https://www.keisoshobo.co.jp

中尾・松木・三中 編著　文化進化の考古学　四六判　二八六〇円

中尾 央・三中信宏 編著　文化系統学への招待　文化の進化パターンを探る　A五判　三五二〇円

阿子島香・溝口孝司 監修　ムカシのミライ　プロセス考古学とポストプロセス考古学の対話　四六判　三三〇〇円

エリオット・ソーバー　三中信宏 訳　過去を復元する　最節約原理、進化論、推論　A五判　五五〇〇円

マイケル・トマセロ　橋彌和秀 訳　ヒトはなぜ協力するのか　四六判　二九七〇円

＊表示価格は二〇二四年二月現在。消費税10％が含まれております。

勁草書房刊